当代世界经济与政治学术前沿丛书

ACADEMIC FRONTIERS OF CONTEMPORARY WORLD ECONOMICS AND POLITICS

中国经济治理的评估与优化

孙景宇 △ 著

THE EVALUATION
AND
OPTIMIZATION OF
ECONOMIC GOVERNANCE IN
CHINA

经济管理出版社
ECONOMY & MANAGEMENT PUBLISHING HOUSE

图书在版编目（CIP）数据

中国经济治理的评估与优化／孙景宇著. —北京：经济管理出版社，2019.12
ISBN 978-7-5096-5981-6

Ⅰ. ①中… Ⅱ. ①孙… Ⅲ. ①中国经济—经济治理—研究 Ⅳ. ①F12

中国版本图书馆 CIP 数据核字（2020）第 015736 号

组稿编辑：王光艳
责任编辑：任爱清
责任印制：黄章平
责任校对：董杉珊

出版发行：经济管理出版社
　　　　　（北京市海淀区北蜂窝 8 号中雅大厦 A 座 11 层　100038）
网　　　址：www. E-mp. com. cn
电　　　话：(010) 51915602
印　　　刷：北京晨旭印刷厂
经　　　销：新华书店
开　　　本：720mm×1000mm /16
印　　　张：12.75
字　　　数：190 千字
版　　　次：2020 年 4 月第 1 版　　2020 年 4 月第 1 次印刷
书　　　号：ISBN 978-7-5096-5981-6
定　　　价：68.00 元

序言

中国的改革开放创造了举世瞩目的经济成就，也推动了中国经济学的理论创新。以中国、俄罗斯及东欧国家从计划经济向市场经济转型的实践为主要研究对象的转型经济学，就是随着改革开放发展起来的一个新的经济学研究领域。

从20世纪90年代中期开始，我就在融合社会主义政治经济学和比较经济学研究传统的基础上，开展转型经济学的理论研究和课程教学。我一直认为，转型经济学的学科建设应当秉持两个核心理念：一是要立足中国等转型国家的发展实践，通过对现实的比较和归纳，从具体上升到抽象规律；二是要推动对新自由主义经济理论的反思和检讨，构建中国经济学的话语体系和理论框架。这些年来，我在转型经济学这个领域不仅编写了教材，出版了论著，承担了课题，也培养了研究力量。孙景宇就是我的学生，现在已经成长为南开大学转型经济学教学和研究的学术骨干。看到他这本书的出版，我由衷地为他在学术上取得的进步感到高兴和欣慰。

在长期的转型经济学研究过程中，我们越来越明显地感觉到，社会主义国家的经济建设同国家建设之间存在密切的互动关系。中国社会主义经济建设的成功与国家建设的成功密不可分，苏联及东欧国家社会主义经济建设的失败也与其国家建设的失败关系密切，而转型后俄罗斯及东欧国家经济陷入困境也可以从其国家建设存在的问题中找到原因。进入21世纪以来，当中国的改革开放刚刚进入完善社会主义市场经济体制阶段之时，我们就提出了经济转型深化中的国家治理模式重构问题，并以此为重点进行了一系列的深入研究。2013 年党的十八届三中全会通过的《中共中央关于全面深化改革若干重大问题的决定》，把推进国家治理体系和治理能力现代化作为全面深化改革的总目标。今年党的十九届四中全会通过的《中共中央关于坚持和完善中国特色社会主义制度、推进国家治理体系和治理能力现代化若干重大问题的决定》，进一步对新时代全面深化改革做了顶层设计和总体部署。这些都更加坚定了我们把转型问题和治理问题结合起来进行分析的研究取向。

孙景宇的这本书在探索经济转型与治理现代化之间互动关系方面做出了有益尝试。在我看来，这本书具有以下三个较为突出的特点：

第一，基于国情构建中国经济治理研究的理论框架。治理问题研究是具有跨学科特点的学术前沿领域，目前仍处于百家争鸣的阶段，不同学科之间、同一学科的不同学者之间差异很大。在本书中，孙景宇不但对相关文献的发展脉络和演变趋势做了较好的梳理，而且敏锐地注意到相关研究主要总结的是市场经济较为成熟的国家的实践经验，而当前中国仍处于经济转型时期，市场经济尚处于发育之中，还未完全定型，因而中国经济治理的评估和优化不仅要考虑制度性交易成本的影响，还要考虑空间性交易成本的影响。这就使对中国经济治理的研究突破了制度分析框架，并为从定量的角度分析中国经济治理问题提供了一条思路。

第二，基于市场化的动态过程分析中国经济治理的转型和优化问题。已有的治理问题研究大多关注的是治理机制的功能及不同治理机制在特定条件下发挥作用的具体机理，在研究范式上以静态分析和比较静态分析为主。然而按照马克思主义的基本观点，治理的客体是生产关系，治理的目的就是使生产关系适应生产力的发展，使上层建筑适应经济基础的要求，这意味着治理在本质上是一个动态调整的过程。尤其是对正处于转型过程中的中国而言，不仅要从静态的角度分析不同治理机制的功能及其社会经济后果，更要从动态的角度研究中国经济治理转型和优化的目标、路径、方式和政策举措。孙景宇在本书中的研究做了一些尝试，他从中国经济市场化的过程来把握中国治理机制的转型和优化，把国家治理现代化理解为根据生产力的发展需要调整生产关系、根据经济基础客观现实调整上层建筑的动态过程，这在研究思路上是符合马克思主义基本观点的，也值得做更为深入的进一步研究。

第三，对中国经济治理水平的测度为从定量的角度评估中国的营商环境提供了一种方法。如何开展对营商环境的定量评估，这是当前社会各界关注的一个热点问题。这个问题的难点就在于，学术界并没有就如何度量制度的质量达成共识。即使如世界银行开发的"营商指数"（Doing Business，DB）、"世界治理指标"（Wordwide Governance Indicators，WGI）也都存在一些不足和缺陷。早在 2003 年孙景宇同我一起进行"转型经济过程的阶段性与评价指标体系研究"时，就注意到了通过构造指标来评价制度的质量可能会出现遗漏变量问题。在本书中，他借鉴贸易成本的最新测度方法来避免出现遗漏变量的问题，从而形成了一套总体无遗漏的能够反映中国经济治理水平的地区差异和时间差异的面板数据，不仅为评估中国营商环境提供了一个方法，也为进一步研究中国营商环境的影响因素和影响机制提供了一套相对完整的历史数据。我认为，本书在这方面的研究值得做进一步的扩展和深化。

当然，本书也存在缺陷和不足。我既为本书的完稿和出版感到欣慰，又希望专家学者能够及时指出书中的错漏之处，以帮助孙景宇在学术上取得更大的进步。

是为序。

景维民
2019 年 11 月于南开园

目 录

第一章

导　论

市场经济的正常运转离不开良好的市场秩序。经过 40 余年的改革开放，虽然中国的社会主义市场经济体制已经初步建立，但仍存在市场秩序不规范、市场规则不统一、市场竞争不充分等问题。因此，在中国特色社会主义进入新时代之后，建立起系统完备、科学规范、运行有效的制度体系，从而为使市场在资源配置中起决定性作用和更好发挥政府作用提供有力支撑，推进社会主义市场经济体制的完善和发展，进而建立现代化市场体系，具有重要的理论意义和现实意义。

2009 年诺贝尔经济学奖授予威廉姆森（Oliver Williamson）和奥斯特罗姆（Elinor Ostrom）两位学者，标志着经济治理理论已经发展成为一个成熟的研究领域。经济治理理论所关注的主要问题，就是如何通过一系列正式的或非正式的制度安排来保障合约或交易的执行、阻止或弱化冲突的发生，从而实现良好的市场秩序，为市场经济的正常运行提供有效支撑。近年来，经济治理理论借助于信息经济学、博弈论等现代经济学分析工具，成功地刻画了各种正式制度和非正式制度对市场交易、产权保护和合约执行的影响，将有关市场秩序治理的研究大大向前推进了一步，其研究成果对于我国的市场秩序治理颇有借鉴意义。科学借鉴经济治理理论的合理成分，有助于评估我国市场秩序治理的现状，分析市场秩序治理中存在的问题，进而制定整顿和规范市场秩序的政策措施。

一、研究目的和意义

一般认为，法律在市场秩序治理方面发挥着重要作用。[①] 世界银行（World Bank）在其 1996 年报告中也指出，法制建设对于降低交易成

---

① 钱颖一. 市场与法治 [J]. 经济社会体制比较，2000 (3).

本、增强市场交易的确定性、控制市场交易者的投机行为具有重要的作用，因而应当成为转型国家推进经济市场化的关键。[1] 但是值得关注的是：

一方面，在现实中运作良好的法律体系大多只存在于当代发达国家，而在绝大多数发展中国家和转型国家都存在着法律失效。例如，与中国同样处于转型过程中的俄罗斯等国家所制定的法律规则并没有取得理想的效果。[2] Hay 和 Shleifer（1998）发现，甚至在一些情况下，取而代之的是有组织犯罪团伙（黑手党）在规约市场交易方面发挥着主要作用。[3]

另一方面，即使是在制度建设比较完善的发达国家，法律也不能对所有市场交易加以规约。例如，由施莱弗（Andrei Shleifer）等发展起来的"法与金融学"（Law and Finance）理论认为，当执法过程中收集证据的成本很高时，监管者执法比法庭执法更有效（Glaeser，Johnson and Shleifer，2001）。[4] 由 Pistor 和 Xu（2003）所创立的"不完备法律"（Incomplete Law）理论认为，由于所有可能造成损害的行为都不可能准确无误地由法律详细规定，这限制了法庭的阻吓作用，因而需要将立法权和执法权分配给监管者。[5] 而无论在历史上完善的法律制度和有效的政府产生以前，还是在当代业已存在较为完善的法律和较为有效的政府的国家商会或行业协会、中介组织等法律之外的经济治理机制也在社会信用体系建设和规范市

① World Bank. *World Development Report* 1996：*From Plan to Market* ［M］. New York：Oxford University Press，1996.

② Hoff，Karla and Stiglitz，Joseph. After the Big Bang? Obstacles to the Emergence of the Rule of Law in Post-Communist Societies ［J］. *American Economic Review*，2004，94（3）：753-763.

③ Hay，Jonathan and Shleifer，Andrei. Private Enforcement of Public Laws：a Theory of Legal Reform ［J］. *American Economic Review*，1998，88（2）：398-403.

④ Glaeser，Edward and Johnson，Simon and Shleifer. Andrei Coase versus the Coasians ［J］. *Quarterly Journal of Economics*，2001，116（3）：853-899.

⑤ Pistor，Katharina and Chenggang Xu. Incomplete Law ［J］. *Journal of International Law and Politics*，2003（35）：931-1013.

场秩序方面发挥重要的作用。①

因此，正如 Ellicson（1991）在批判"法律中心主义"时所说，不能把建立法律规则看作是规约市场秩序的唯一方法。② 换句话说，在市场秩序治理方面，法律和其他法律之外的经济治理机制之间存在着替代或互补关系。近30年来经济治理理论研究所取得的一项重要理论成果，就是对道德规范、社会习俗、关系网络等法律之外的经济治理机制进行了深入的研究，发现长期合作关系、行业协会和中介组织都可以在社会信用体系建设和规范市场秩序方面发挥重要的作用。③ Dixit（2004）认为，这些关于法律之外的经济治理机制的研究已经形成了一个新的领域——"法律缺失经济学"（Lawlessness and Economics）。④

从中国的现实情况来看，法制建设要落后于经济市场化。例如，中国的国有企业改革开始于20世纪80年代中期，但相关措施直到1988年《全民所有制工业企业法》颁布之时才被正式法律化，直到1994年《公司法》颁布才确立了有限责任公司的国家标准。又如，中国的物价改革肇始于20世纪80年代，但《价格法》却直到1997年才颁布。再如，1999年中国进行《合同法》的修订，将之前仅适用于外资企业的公司法律推广到了国内

① Macaulay, Stewart. Non - contractual Relationships in Business: A Preliminary Study [J]. *American Sociological Review*, 1963 (28): 55-70. Williamson, Oliver. *The Economic Institutions of Capitalism* [M]. New York: Free Press, 1985. Williamson, Oliver. *The Mechanisms of Governance*. New York: Oxford University Press, 1996. Aoki, Masahiko. *Toward a Comparative Institutional Analysis* [M]. Cambridge, MA: MIT Press, 2001. Bernstein, Lisa. Opting Out of the Legal System: Extralegal Contractual Relations in the Diamond Industry [J]. *Journal of Legal Studies*, 1992 (21): 115-157. Bernstein, Lisa. Private Commercial Law in the Cotton Industry: Creating Cooperation through Rules, Norms, and Institutions [J]. *Michigan Law Review*, 2001 (99): 1724-1788. Gans-Morse, Jordan. Demand for Law and the Security of Property Rights: the Case of Post-Soviet Russia [J]. *American Political Science Review*, 2017, 111 (2): 338-359.

② Ellickson, Robert. *Order Without Law: How Neighbors Settle Disputes*. Cambridge: Harvard University Press, 1991.

③ Milgrom, Paul, Douglass C. North, and Barry R. Weingast. 1990. The Role of Institutions in the Revival of Trade: the Law Merchant, Private Judges, and the Champagne Fairs [J]. *Economics and Politics*, 1990 (2): 1-23. Greif, Avner. *Institutions and the Path to the Modern Economy: Lessons from Medieval Trade* [M]. Cambridge: Cambridge University Press, 2006.

④ Dixit, Avinash. *Lawlessness and Economics: Alternative Modes of Governance* [M]. Princeton, NJ: Princeton University Press, 2004.

企业，将所有企业置于同一部法律的统一管理之下。① 再如，中国的非公有制经济发展开始于 20 世纪 80 年代初，但直到 1988 年通过的宪法修正案，才明确要保护私营经济的合法权益。而更一般地，我国的改革开放开始于 1978 年，直到 1997 年党的十五大以后，依法治国、建设社会主义法治国家才成为治国的基本方略和社会主义现代化的重要目标，直到 1999 年才被写入宪法，直至今日全面依法治国依然是"四个全面"战略布局中的重要一环。这意味着中国的法制建设要大大落后于经济市场化。那么，规约中国市场秩序的经济治理机制是什么？未来中国应当如何实现经济治理机制的优化？总结和归纳经济治理理论的研究成果，并根据我国的具体国情加以甄别，科学借鉴其合理成分，有助于评估中国市场秩序治理的现状，制定整顿和规范市场秩序的政策措施，构建起系统完备、科学规范、运行有效的制度体系。

具体而言，我们的研究主要有以下三项任务：

第一，对经济治理理论的总结和整合。经济治理理论的研究成果来自经济学、法学、政治学和社会学等多学科，不同研究之间在概念界定、研究范式等方面都存在着差异，因此，我们的第一项研究任务，就是通过对其发展脉络、主要流派、基本观点和理论创新的归纳和比较，并根据中国的具体国情进行甄别和取舍，从中提炼出可供中国借鉴的研究成果。

第二，构建符合中国具体国情的理论框架。当前中国仍处于经济转型时期，与成熟的市场经济国家相比，中国的市场经济尚处于发育之中，还未完全定型。因此，对中国经济治理的研究，不仅要从静态上分析究竟是什么样的经济治理机制支撑了市场经济的运转，从而理解市场经济是怎样从无到有的；更要从动态上分析怎样才能降低市场经济的运行成本，提高市场经济的运转效率，从而理解市场经济是怎样从小到大的。因此，我们的第二项研究任务，就是构建一个以推动中国法律体系建设为核心，以理顺政府、市场和社会之间的关系为重点，以能够形成法律与其他经济治理

---

① Yueh, Linda. *Enterprising China: Business, Economic, and Legal Development Since 1979* [M]. Oxford: Oxford University Press, 2011: 56-57. 琳达·岳. 中国的增长：中国经济的前 30 年与后 30 年 [M]. 鲁冬旭译. 北京：中信出版社，2015：42-43.

机制协调共生的整体性制度安排为目标的理论框架。主要对以下四个问题做出回答：一是改革开放 40 余年来，中国是如何在法制建设不完善的情况下实现市场秩序治理的？换句话说，决定中国经济市场化取得巨大成就的制度根源是什么？二是对于正在从计划经济向市场经济转型的中国而言，在市场经济从无到有、从小到大的过程中，市场交易频率有限且法制建设不完善，怎样才能进一步降低市场经济的运行成本，从而形成统一开放竞争有序的市场体系？三是如何进一步推动中国经济治理机制的优化？对国内市场而言，建设法治化、规范化的营商环境无疑是未来的努力方向，那么应当如何推进中国经济治理机制的转型？对中国所参与的国际市场——尤其是与"一带一路"沿线国家的国际市场——而言，由于法律规则不对接、文化传统和社会制度多元化，难以建立起统一规范的法治化营商环境，那么在这种情况下，应当如何实现市场秩序的治理？四是如果法律不能成为规约市场秩序的唯一经济治理机制，那么如何看待法律与政府监管、道德规范、社会习俗、关系网络等法律之外的经济治理机制之间的替代关系和互补关系？尤其是，应当如何发挥政府的积极作用，促进相关制度更加成熟、更加定型？

第三，对中国市场秩序治理状况进行定量评估。既然在市场秩序治理方面，法律和其他法律之外的经济治理机制之间存在替代或互补关系，那么在构建系统完备、科学规范、运行有效的制度体系的过程中，不同经济治理机制都发挥了什么样的作用？因此，我们的第三项研究任务，就是采取定量的方法来评估中国市场秩序治理的状况，这不仅可以反映中国市场秩序治理的总体变化情况，还可以对不同时期和不同地区的经济治理状况加以比较，并进一步评估中国经济治理状况的不同影响因素及其影响程度，对理论研究的相关结论进行检验和甄别。

二、研究内容和结构

我们的基本观点是，良好的市场秩序对于充分发挥市场在资源配置中的基础性作用具有重要意义。经济治理理论关于法律失效问题的研究、关于法律之外治理机制的研究及关于政府作用的研究表明，市场秩序的治理需要综合运用政府监管、法律和道德规范等各种手段。科学借鉴经济治理理论的合理成分，有利于评估我国市场秩序治理的状况，制定整顿和规范市场秩序的政策措施，最终构建起系统完备、科学规范、运行有效的制度体系。

在研究内容和结构设计上，我们将贯彻定性分析和定量分析相结合的研究思路。首先，通过定性分析，遵循逻辑与历史相一致的研究范式，构建关于中国经济治理演变历程的分析框架，从质变的角度理解中国经济治理状况的阶段性变化及其未来的发展趋向。接下来，通过定量分析，对定性分析所得到的结论进行检验，并进一步对具体的影响机制和影响程度进行拓展性分析，作为定性分析研究的一个补充。

我们的研究共分为七章，具体研究内容和分析框架结构如下（如图1-1所示）：

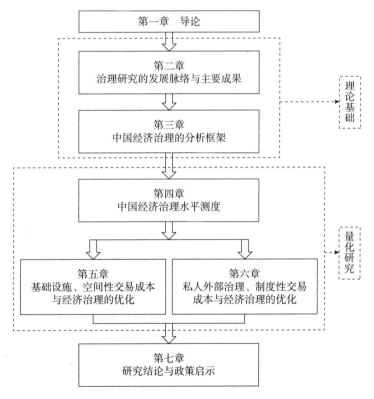

图1-1 研究内容与分析框架

第一章是导论，主要阐述研究的目的和意义、主要内容和结构安排。

第二章、第三章主要围绕着研究的理论基础展开。第二章是治理研究的发展脉络与主要成果，主要借助于 Williamson（2000）[①] 所提出并概括的社会分析的四个层次来说明治理研究明显地表现出从"制度环境"层次、"治理机制"层次向"嵌入"层次渗透的趋势，并在政治学研究、社会学研究和经济学研究的共同作用下日益走向合流。而在这个过程中，经济治理理论的发展，在一定程度上丰富和发展了对规范、习俗、传统和宗教信仰等非正式制度的运作机理和社会功能的认知，从而使我们有可能从更一般的和更综合的角度来从整体上审视支撑市场经济运行的制度基础。在这一章中，我们在统一的分析框架下研究了经济治理对于规约机会主义行为从而保障市场交易顺利进行的必要性，以及法律、政府监管等基于正式制度的经济治理机制，关系型治理、私人外部治理等基于非正式制度的经济治理机制规约市场交易的作用机理和适用条件。

第三章是中国经济治理的分析框架，主要是构建符合中国具体国情的理论框架。虽然经济治理理论的研究成果对于理解市场经济是如何在中国运转起来的具有重要的启示意义，但是其理论总结的主要是市场经济发育较为成熟的国家的实践经验，针对我国的市场经济尚处于发育之中，还未完全定型的现实国情，需要进一步考虑经济治理理论尚未考虑或被其视为隐含的假设前提的其他因素，从而在一个更加综合的框架内分析怎样降低市场经济的运行成本，使市场经济的运行更有效率。在本章中，我们首先通过考察特定的转型策略对于支撑市场经济的治理机制的影响，为中国经济市场化的成功提供一个微观层面的理解，从而说明关系型治理是理解中国经济市场化的出发点，而法制建设是理解中国经济市场化的落脚点。接下来，我们注意到虽然威廉姆森强调经济治理优化的目的就是降低交易成本，不同性质的交易应当对应于不同的治理结构，但他所关注的仍然是成熟市场经济中的治理机制选择，其理论分析暗含的假设前提是交易较为频繁，并且存在运行良好的法律体系。因此，我们结合斯密对市场交易过程

---

① Williamson, Oliver. The New Institutional Economics: Taking Stock, Looking Ahead [J]. *Journal of Economic Literature*, 2000, 38（3）: 595-613.

的表述，认为交易成本作为与生产成本相对应的概念，不仅包括制度性交易成本，还应当包括空间性交易成本。空间性交易成本的产生源于基础设施的拥挤性特征。按照威廉姆森的观点，经济治理机制的选择或优化主要取决于资产专用性、不确定性和交易频率。而空间性交易成本会影响市场交易频率，进而影响经济治理机制的选择或优化。进一步地，我们在空间性交易成本和制度性交易成本的基础上重新构建了中国经济治理的分析框架。

第四章、第五章、第六章主要是对中国经济治理状况的量化研究。第四章是中国经济治理水平测度，主要通过测度中国的交易成本来反映市场经济的运行成本，评估中国的经济治理状况。从已有研究来看，对交易成本的测度是一项颇具挑战性的工作：一方面，表现在对交易成本的概念和构成缺乏一个清晰的认识；另一方面，表现在实际测度中要么因过于依赖微观数据而难以形成时间序列，要么因依赖可观测数据而容易出现遗漏变量的问题。在这一章中，我们在与生产成本相对立的意义上来理解交易成本，并将其分成空间性交易成本和制度性交易成本两部分。通过借鉴 Novy（2013）模型测度贸易成本的方法，我们构造出长时段的总体无遗漏的中国省际贸易成本面板数据，在此基础上度量了包括空间性交易成本和制度性交易成本在内的总交易成本情况及制度性交易成本情况。这也为后文运用计量经济学分析工具对中国经济治理水平的影响因素做进一步的研究创造了便利条件。

第五章是基础设施、空间性交易成本与经济治理的优化，实证分析了基础设施的改善对于降低空间性交易成本从而提高经济治理水平的贡献度和具体机制。我们的研究表明：第一，在商品和要素的跨区域流动过程中，需要交通运输、邮电通信和能源供给等基础设施综合发挥作用，由于基础设施属于拥挤性公共品，其综合作用时的拥挤点是由所有基础设施中拥挤点的最小值决定的，只有作为"短板"的基础设施的改善才能最大限度地使拥挤点右移，从而取得最佳的建设效果。第二，基础设施建设水平并不是影响中国经济治理水平的最主要因素。降低市场经济运行的总交易成本从而提高中国经济治理的质量和水平，还需要更多地着眼于基础设施之外的因素，尤其是要分析制度性交易成本对中国经济治理的质量和水平的影响。

第六章是私人外部治理、制度性交易成本与经济治理的优化，主要通过对中国经济治理机制转型的优化分析，研究如何降低制度性贸易成本从而提高中国的经济治理水平。研究表明：第一，在从关系型治理向规则型治理转型的过程中，各种法律硬件设施的简单引入是远远不够的，还需要切实提高司法与执法的质量、提升法律体系的运行效率。第二，法律和政府监管都是基于正式制度的经济治理机制，虽然与法庭的被动式执法相比，政府监管可以是主动式的，但是法庭和政府都缺乏对专业信息的甄别能力，因而需要其他的经济治理机制与之形成互补。第三，私人外部治理是由商会或行业协会等私人部门作为第三方来保障实施的一种基于非正式制度的经济治理机制。私人外部治理可以成为沟通基于非正式制度的关系型治理和基于正式制度的规则型治理的桥梁，推动中国经济治理机制的平滑转型。

第七章是研究结论与政策启示，在总结全书的基础上，提出进一步完善经济治理机制、提高经济治理水平的对策建议。

第二章

治理研究的发展脉络与
主要成果

经济治理理论的研究成果来自经济学、法学、政治学和社会学等多学科，不同研究之间在概念界定、研究范式等方面都存在着差异，本章将在对经济治理理论的发展脉络、主要流派进行系统梳理的基础上，对相关研究的基本观点和理论创新进行比较、归纳和提炼，进而在统一的分析框架内，从市场交易与经济治理、基于正式制度的经济治理机制、基于非正式制度的经济治理机制三个部分对可供中国借鉴的研究成果加以整合。

第一节　治理研究与社会分析的四个层次

自从世界银行（1989）将非洲发展面临的问题归结为"治理危机"（Crisis of Governance）后[①]，治理与发展之间的关联开始受到越来越多的关注。相应地，治理理论的研究也大大地推动和深化了对发展问题的认识。在国际上具有广泛影响力的《发展经济学手册》中，Baland、Moene和 Robinson（2010）认为，治理现在已经成为理解发展问题的关键。[②]

然而"治理"却是一个被广为接受但却具有多重含义的复杂概念，不同的学者在不同的语境下对治理的概念做出许多不同的界定。Rhodes（1996）概括了六种关于治理的不同定义：一是作为最小国家的治理，主要指削减公共开支；二是作为公司治理的治理，主要指对组织的引导和控

----

① World Bank. *Sub-Saharan Africa*：*From Crisis to Sustainable Growth* ［M］. Washington D. C.，World Bank，1989：60.

② Baland，Jean-Marie and Moene，Karl Ove and Robinson，James. Governance and Development// Rodrik，Dani and Rosenzweig，Mark. eds. **Handbook of Development Economics**，2010（5）：4597-4656.

制；三是作为新公共管理的治理，主要指公共部门组织和运行方式的变革；四是作为善治（Good Governance）的治理，主要指如何更好地使用政治权力管理国家事务；五是作为社会控制体系（Social-cybernetic System）的治理，主要指社会政治体系中所有参与者之间的互动及其后果；六是作为自组织网络（Self-organizing Networks）的治理，主要指建立在声誉、信任、互惠以及相互依存基础上的社会协调方式。[1] 还有许多学者通过探究治理（Governance）的英文原意，乃至于追溯至其拉丁文和古希腊语的本意来对之加以界定。[2] 可以说，正是由于治理内涵的复杂性以及治理研究的跨学科性，才有学者指出，"治理"一词——像目前关于发展问题的辩论中的其他许多概念一样——被许多大不相同的意识形态群体用于各种不同的、常常是互相冲突的目的。[3]

　　治理研究是社会科学的前沿领域之一，为了更清晰地展现不同学科治理研究的发展脉络和相互关联，同时为了更加清晰地展现治理研究与本书所主要探讨的经济治理之间的区别和联系，有必要首先阐述一下威廉姆森提出和概括的社会分析的四个层次（如图2-1所示）。[4]

　　Williamson（2000）认为，社会分析的第一个层次是"嵌入"（Embeddedness），这是由社会学家格兰诺维特（Mark Granovetter）发展起来的一个重要概念，强调经济活动是嵌入在正在运行中的具体的社会关系之中的，[5] 主要包括规范、习俗、传统和宗教信仰等非正式制度。这些非

---

　　① R. A. W. Rhodes. The New Governance: Governing without Government [J]. *Political Studies*, 1996 (44): 652-667.

　　② 俞可平. 治理与善治引论 [J]. 马克思主义与现实, 1999 (5). 鲍勃·杰索普. 治理理论的兴起及其失败的风险——以经济发展为例的论述 [J]. 国际社会科学杂志（中文版）, 1999 (1). Baland, Jean-Marie and Moene, Karl Ove and Robinson, James. Governance and Development [J]. in Rodrik, Dani and Rosenzweig, Mark. eds. *Handbook of Development Economics*, 2010 (5): 4597-4656.

　　③ 辛西娅·休伊特·德·阿尔坎塔拉. "治理"概念的运用与滥用 [J]. 国际社会科学杂志（中文版）, 1999 (1): 105-113.

　　④ Williamson, Oliver. The New Institutional Economics: Taking Stock, Looking Ahead [J]. *Journal of Economic Literature*, 2000, 38 (3): 595-613.

　　⑤ Granovetter, Mark. Economic Action and Social Structure: The Problem of Embeddedness [J]. *American Journal of Sociology*, 1985 (91): 481-510.

正式制度的产生具有自发性，并因其或具有一定的功能性、或具有一些观念上的象征意义，或与其他制度形成互补而表现出持续的惯性。因而这些非正式制度的变迁非常缓慢，可能需要几百年或几千年的时间。

社会分析的第二个层次是"制度环境"（Institutional Environment），主要指博弈的正式规则或产权规则等正式制度。正式制度的形成部分是自发演化的结果，但也可以进行人为设计。与非正式制度通常具有不可计算性（Noncalculative）相比，正式规则存在优化的问题，需要借助于行政、立法、司法以及政府活动正确地制定游戏的正式规则（Get the Formal Rules of the Game Right）。但是，由于制度间的协调是渐进的，因而正式制度的变革往往需要几十年或几百年的时间。另外，正式制度的建立也并非是无成本的，因而需要进一步来研究制定游戏规则的规则，这就涉及社会分析的第三层次。

社会分析的第三个层次是"治理机制"（Governance），主要指与交易有关的治理结构的选择和调整，也就是契约安排和博弈本身。虽然产权是重要的，但这种观点的前提是用于界定产权和保护产权的法律是完善的。当法庭不能有效实施惩罚时，合约的管理及争端的解决大部分都只能由当事人自行解决，这意味着研究合约是如何达成的重要性要大大超过形成一部通用的合约法。如果进一步考虑到合约的不完全性，那么不仅要关注合约的事前过程，还要关注合约的事后阶段。这就需要确定与不同交易相匹配的治理机制以使交易成本最小化，这里的治理机制包括市场、混合制（Hybrids）、企业、监管、科层制及非利润组织等形式。治理结构的再组织一般是与续订合同或设备更新的周期相对应的，需要 1~10 年的时间。

社会分析的第四个层次是"资源的配置和雇佣"（Resource Allocation and Employment），主要包括价格和数量的确定及激励机制的调节。与第三层次"治理机制"的调整采取的是离散的形式不同，这里"资源配置和雇佣"的调整采取的是连续（Continuous）的形式，无论是价格还是数量的调整，都适用于边际分析方法，都没有时间间隔。

从学科领域的角度来看，Williamson（2000）认为，对"嵌入"层次

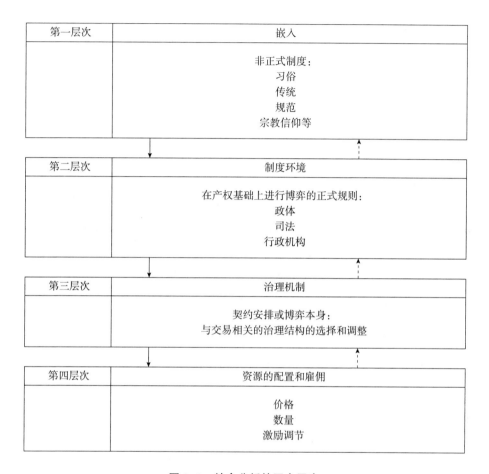

图 2-1 社会分析的四个层次

资料来源：Williamson, Oliver. The New Institutional Economics: Taking Stock, Looking Ahead [J]. *Journal of Economic Literature*, 2000, 38（3）: 595-613.

的分析属于社会理论，对"制度环境"层次和"治理机制"层次的分析属于新制度经济学，而对"资源的配置和雇佣"层次的研究则属于新古典经济学。然而在社会学的研究中，也出现了以新制度主义方法论为基础，通过分析制度环境和文化信仰是如何塑造组织行为而改变了组织研究方向的倾向。因而倪志伟（Victor Nee, 2005）认为，在社会科学中，将制度作为一个基础性概念的关注引发了多种新制度主义方法，这些方法的共同起点是认为制度是重要的，并且理解制度及制度变迁是社会科学的一个核心议题。[①]

考察治理研究的发展脉络，治理研究明显地表现出从第二层次、第三层次向第一层次渗透的趋势，并在政治学研究、社会学研究和经济学研究的共同作用下日益走向合流。在这个过程中，经济治理理论的发展，在一定程度上丰富和发展了对规范、习俗、传统和宗教信仰等非正式制度的运作机理和社会功能的认知，从而使我们有可能从更一般的和更综合的角度来从整体上审视支撑市场经济运行的制度基础。

另外，在图 2-1 中，Williamson（2000）认为，连接较高层次和较低层次的实线箭头表示较高层次会对紧接下方的层次施加约束，连接较低层次和较高层次的反向箭头是虚线和信号反馈。并且由于较高层次的变迁需要更长更多的时间，因而比较而言，从较高层次向较低层次的约束更加值得关注。但是就治理理论的研究成果而言，在支撑市场经济运行、维系市场经济秩序方面，不同层次之间的影响和作用并不是单向的，而是在双向互动基础上存在复杂的替代和互补关系。对此，经济治理理论的发展，进一步推进和完善了我们对社会分析较低层次和较高层次之间相互作用关系的认识，从而使图 2-1 中的系统完全互联起来。

第二节　公共管理与治理

一、"制度环境"层次的治理

World Bank（1989）在对非洲发展问题的研究中指出，制约非洲发展问题的关键是许多国家由于缺乏政治反对力量，其政府公务人员总是追求

[①] Nee, Victor. The New Institutionalisms in Economics and Sociology. in Smelser, Neil and Swedberg, Richard. Eds. *Handbook of Economic Sociology* ［M］. Princeton University Press，2005：49-74.

其自身利益而不担心被问责。针对这种情况，World Bank（1989）认为，治理就是运用政治权力管理国家事务。① 而当时的世界银行主席（Barber B. Conable）认为，好的治理（Good Governance）应当包括有效的公共服务、可靠的司法系统以及对公众负责的行政体系。② 显然，这里主要是在"制度环境"（Institutional Environment）层次上来界定"治理"的内涵的，其理论指向的是行政、立法、司法以及政府活动与政治发展的关联。

沿着这条思路，许多研究机构开始从定量的角度来测度治理的质量，从而推动治理研究逐渐从定性分析过渡到定量分析。尤其是从 1996 年起，世界银行开始发布由考夫曼（Daniel Kaufmann）组织编制的世界治理指标（Worldwide Governance Indicators），是目前最为常用的对治理质量进行定量评价的指标。该指标是通过采用统计学上的不可观测成分模型（Unobserved Components Model），对来自 31 个不同的数据源中所涉及的几百个有关世界范围内的受访者、非政府组织、商业信息提供者和公共部门组织对治理的主观评价指标加以计算，最终形成由呼吁和问责（Voice and Accountability）、政治稳定与暴力缺失（Political Stability and Absence of Violence）、政府效能（Government Effectiveness）、监管质量（Regulatory Quality）、法治（Rule of Law）、控制腐败（Control of Corruption）六个方面组成的指标体系。其中，前两个指标所关注的是政府被选定、监管和取代的过程，后四个指标所关注的是政府形成并实施好的政策的能力。

类似的指标还有：由政治风险服务集团公司（Political Risk Services）从 1980 年开始发布的世界国家风险指南（International Country Risk Guide），采用定量的方式监测了全球 140 多个国家的政治风险、经济风险和金融风险情况，形成了一个涵盖 30 多个模块的早期预警系统。由透明国际（Transparency International）从 1995 年开始发布的腐败感知指数（Corruption Perceptions Index），对全球 168 个国家或地区的政府清廉程度加以测度。由营商环境风险情报公司（Business Environment Risk Intelligence）

---

①② World Bank. *Sub-Saharan Africa: From Crisis to Sustainable Growth*, Washington D. C ［M］. World Bank, 1989: 60-61.

发布的营商风险服务指数（Business Risk Service），提供了 50 个国家的政治风险指数（Political Risk Index）、运行风险指数（Operations Risk Index）、汇款和遣返综合评定指数（Remittance & Repatriation Factor Ratings Together with the Composite Score）。由经济学人集团（The Economist Group）下面的经济学人智库（Economist Intelligence Unit）提供的国家分析服务（Country Analysis）中，也提供了有关国家政治风险、整体运营风险的评价指标。

二、从单中心治理到多中心治理

随着对治理与政治发展问题研究的不断深入，研究对象逐渐从非洲等发展中国家扩展到西方等发达国家。而发达国家所面临的是与非洲国家截然不同的问题。自 20 世纪 70 年代末以来，西方发达国家的政府因长期实行凯恩斯主义而普遍陷入财政开支困难的境地，其所奉行的福利主义政策也在一定程度上导致了劳动积极性的下降，出现了管理危机。为了实现更为有效的治理，以放松管制、精简政府职能和缩减政府开支为主要内容的大规模的政府再造逐渐在发达国家间流行开来，并逐渐演变成新公共管理（New Public Management，NPM）运动，从而对治理研究产生了重要影响。如果说非洲等欠发达国家的实践所反映出来的，是政府权威丧失所导致的治理效率低下的话；那么西方发达国家的实践所反映出来的，则是政府干预过多导致的治理效率低下。两者互为借鉴，共同构成了治理危机的两个极端。这说明，有效的治理既不能没有政府，又不能只有政府。因此，随着越来越多的国家类型被囊括到治理问题的研究之中，治理研究开始越来越强调主体多元化，不仅包括政府，还应包括各种公共部门和私人机构，认为有效的治理需要政府和社会共同参与。换句话说，治理问题的研究开始从单中心治理向多中心治理发展。

对于处于无政府状态的国际社会而言，其治理的主体更是涵盖了主权国家、区域性组织、国际机构、公共或私人部门等，因而更需要"在无人有权指挥的情况下也能把事情办成的能力"①。相应地，Rosenau 和 Czempiel（1992）将治理定义为一系列活动领域里的管理机制，它们虽未正式授权，却能有效地发挥作用。② 与此相类似的另一个比较具有权威性和代表性的定义是由联合国"全球治理委员会"（UN Commission on Global Governance）在其 1995 年出版的著名报告《我们的全球伙伴关系》中给出的，治理是各种公共的或私人的个人和机构管理其共同事务的诸多方式的总和，是协调相互冲突或不同的利益进而采取联合行动的持续过程。③

　　在治理主体多元化的认识基础上，治理的内涵也随之发生变化。正如毛寿龙对多中心治理的概括中所说，"发展是在各个层次、各个地方同时发生的，而并不仅仅是某些政治中心，例如，首都的发展。全面的、持续的发展基础，靠的是地方社群的自主治理能力及以此为基础的多中心治理的多层次的制度框架。以此逻辑延伸，国际组织的发展努力自然也需要各国政府及地方政府和其他富有公共责任的机构的协作。"④ 文森特·奥斯特罗姆等（Vincent Ostrom et al.，1961）认为，"多中心"意味着有许多在形式上相互独立的决策中心，它们在竞争关系中相互重视对方的存在，相互签订各种各样的合约，并从事合作性的活动或利用核心机制来解决冲突，在这一意义上它们是作为一个体制运作的。⑤ 而在更一般的层面上，格里·斯托克（1999）总结了作为理论的治理的五种观点：一是治理意味着一系列来自政府但又不限于政府的社会公共机构和行为者。它对传统的国家和政府权威提出挑战，它认为政府并不是国家唯一的权力中心。各种公共的和私人的机构只要其行使的权力得到了公众的认可，就都可能成为在各

---

① Czempiel, Ernst-Otto. Governance and Democratization. In: Rosenau, James and Czempiel, Ernst-Otto. eds. *Governance without Government: Order and Change in World Politics* [M]. Cambridge: Cambridge University Press, 1992: 250.

② Rosenau, James and Czempiel, Ernst - Otto. eds. *Governance without Government: Order and Change in World Politics* [M]. Cambridge: Cambridge University Press, 1992: 5.

③ The UN Commission on Global Governance. *Our Global Neighborhood* [M]. Oxford University Press. 1995: 2.

④ 迈克尔·麦金尼斯. 多中心治道与发展 [M]. 上海：上海三联书店，2000：4-5.

⑤ Ostromm, Vincent and Tiebout, Charles and Warren, Robert. The Organization of Government in Metropolitan Areas: A Theoretical Inquiry [J]. *American Political Science Review*, 1961 (55): 831-842.

个层面上的权力中心。二是治理意味着在为社会和经济问题寻求解决方案的过程中存在着界限和责任方面的模糊性。它表明，在现代社会国家正在把原先由它独自承担的责任转移给公民社会，即各种私人部门和公民自愿性团体，后者正在承担越来越多的原先由国家承担的责任。这样，国家与社会之间、公共部门与私人部门之间的界限和责任便日益变得模糊不清。三是治理明确肯定了在涉及集体行为的各个社会公共机构之间存在着权力依赖。进一步说，致力于集体行动的组织机构必须依靠其他组织；为达到目的，各个组织必须交换资源、谈判共同的目标；交换的结果不仅取决于各参与者的资源，也取决于游戏规则及进行交换的环境。四是治理意味着参与者最终将形成一个自主的网络。这一自主的网络在某个特定的领域中拥有发号施令的权威，它与政府在特定的领域中进行合作，分担政府的行政管理责任。五是治理意味着办好事情的能力并不限于政府的权力，不限于政府的发号施令或运用权威。在公共事物的管理中，还存在着其他的管理方法和技术，政府有责任使用这些新的方法和技术来更好地对公共事务进行控制和引导。①

在治理主体多元化的认识基础上，治理研究开始逐渐从"制度环境"（Institutional Environment）层次向"嵌入"（Embeddedness）层次和"治理机制"（Governance）层次延伸，尤其是以著名政治学家、2009 年诺贝尔经济学奖获得者埃莉诺·奥斯特罗姆（Elinor Ostrom）为核心的美国印第安纳大学政治理论与政策分析研究所对公共事物治理的研究，大大加深了对社会自身所具有的自主治理能力的认识，从而对资源管理、立宪秩序以及第三世界的发展等问题都进行了深入的分析，为社会经济秩序的治理提供了一个新的视角。②

---

① 格里·斯托克. 作为理论的治理：五个论点 [J]. 华夏风译. 国际社会科学杂志（中文版），1999（2）. 此处对其内容的概括转引自俞可平. 治理与善治引论 [J]. 马克思主义与现实，1999（5）.
② 埃莉诺·奥斯特罗姆. 公共事物的治理之道 [M]. 余逊达、陈旭东译. 上海：上海三联书店，2000. 迈克尔·麦金尼斯. 多中心治道与发展 [M]. 上海：上海三联书店，2000.

三、"嵌入"层次的治理

在社会学意义上，关系或网络（Networks）对于"嵌入"具有核心意义，对"嵌入"的研究主要是基于网络分析展开的。Granovetter（1992）认为，制度就是"凝固化的网络"（Congealed Networks），即人与人之间在经过了一段时间的交往后所形成的一种人们视之为理所当然的客观品行（Objective Quality）。[1] 对社会个体而言，它的社会关系或成员属性（如宗族、信仰、族群）会通过提供具体的榜样行为和对偏差行为实施制裁来影响其行为。

当关系网络能够影响经济绩效时，它对相关者而言就具有了"资本"的特征，因可以带来价值的增值而转化为社会资本。虽然有学者如1972年诺贝尔经济学奖得主肯尼斯·阿罗（Kenneth Arrow）、1987年诺贝尔经济学奖得主罗伯特·索罗（Robert Solow）对社会资本的概念提出异议，但是社会资本还是在社会科学研究中流行起来。边燕杰（2004）对皮埃尔·布迪厄（Pierre Bourdieu，1986）[2]、詹姆斯·科尔曼（James Coleman，1988）[3]、罗伯特·帕特南（Robert Putnam，2000）[4] 和法兰西斯·福山（Francis Fukuyama，1995）[5] 四个代表性学者对社会资本的定义进行了比较，认为四位学者的共同之处是，都认为社会资本是社会网络结构，属于集体共有财产，但他们对社会资本的来源和作用却各执一端。Bourdieu（1986）认为，社会资本是社会网络关系的总和，影响个人的各种回报。Coleman（1988）指出，社会资本发源于紧密联系的社会网络，是人力资本创造、传递和获得的积极的社会条件。这一观点从功能主义角度定义社会资本，排除了松散社会网络产生社会资本的可能性，也否定了社会资本可能的负

---

① Granovetter, Mark. Economic Institutions as Social Construction: A Framework for Analysis [J]. *Acta Sociologica*, 1992, 35（1）: 3-11.

② Bourdieu, Pierre. The Forms of Capital. In: Richardson, John. eds. *Handbook of Theory and Research for the Sociology of Education* [M]. Greenwood Press, 1986: 241-258.

③ Coleman, James. Social Capital in the Creation of Human Capital [J]. *American Journal of Sociology*, 1988（94）: 95-120.

④ Putnam, Robert. *Bowling Alone* [M]. Simon & Schuster, 2000.

⑤ Fukuyama, Francis. *Trust* [M]. Hamish Hamilton, 1995.

作用。Putnam（2000）沿用 Coleman（1988）的观点，但强调所谓紧密的网络结构，是公民对社区公共活动的积极参与及由此引发的人们之间的高度信任。Fukuyama（1995）将社会资本等同于社会信任的程度，认为高信任度的民族更容易发展合作关系和规模经济，所以有助于市场资本主义的发展；反之则有碍于市场资本主义的发展。① 另一位在社会资本研究方面的著名学者林南（Lin Nan），把社会资本定义为行动者在行动中获取和使用的嵌入在社会关系中而不是个人中的资源，或说期望在市场中得到回报的社会关系投资。②

虽然在社会学的研究中，有大量的研究分析社会关系网络或社会资本在劳动力流动、金融信贷和风险分担及经济发展方面的作用，但是它们主要关注的是"嵌入"层次治理的功能，而把社会关系网络的存在视为前提，很少去探讨这种治理机制的运作机理和发挥作用的条件。正像 Coleman（1988）所概括的那样，针对社会行为的描述和说明有两种主要思想取向：一种是大多数社会学家的工作特征，把参加者看作是具有社会性的，其行动通过社会准则、规则和职能加以规范。这种思想的主要优点是，能够在一定的社会环境中描述社会行为，并通过社会环境来解释行为被决定、约束和改变的途径。缺点在于参加者缺乏"行动引擎"。虽然环境对参加者有重大影响，但参加者在逻辑上缺少一个内在动力从而明确其目标或方向。另一种是大多数经济学家的工作特征，把参加者看作是具有要求独立实现的目标、独立行事和完全利己的。其主要优点在于，具有效用最大化的行动准则。缺点在于不太关注社会环境也会对个人行为施加调整、改变和约束，倾向于忽视准则、相互信任、社会关系网和社会组织在社会运行和经济运行中的重要性。③

Coleman（1988）对社会学研究和经济学研究两种思想取向的刻画是

---

① 边燕杰. 城市居民社会资本的来源及作用：网络观点与调查发现 [J]. 中国社会科学，2004（3）.

② 林南. 社会资本：关于社会结构与行动的理论 [M]. 张磊译. 上海：上海人民出版社，2004.

③ Coleman, James. Social Capital in the Creation of Human Capital [J]. *American Journal of Sociology*, 1988（94）：95-120.

准确的，然而他所看到的经济学研究思想取向的缺陷，却在经济治理理论的不断发展过程中而逐渐得到弥补。近 30 年来经济治理理论的发展，恰恰是通过借助信息经济学、博弈论等现代经济学分析工具，在个人理性行为的基础上成功地刻画了参与者与他所面临的制度安排尤其是非正式制度安排之间的互动关系，从理论和实证两方面更加明确地展现了理性人的经济行为与经济制度之间的互动关系，从而将治理研究尤其是市场秩序治理的研究大大向前推进了一步。

第三节　经济治理

一、从治理到经济治理

在治理主体多元化的意义上，治理研究开始逐渐从"制度环境"（Institutional Environment）层次向"嵌入"（Embeddedness）层次和"治理机制"（Governance）层次延伸，好的治理（Good Governance）就不仅是政治发展的一部分，而且应当为社会发展提供保障。当把社会发展看作是多个主体间的互动过程时，治理的实质就意味着人类社会秩序的建构。奥斯特罗姆、菲尼、皮希特把存在于所有人类社会中的典型的关系结构归纳为：交换关系；协力配合；队队组织；与公共或集体的共有池塘资源，工具和财产以及公共商品和服务有关的环境；冲突和冲突的解决；法定的统治和被统治的关系。他们还进一步指出，无论是在哪种关系结构中，人类面临的选择和行动都必须要对付的问题有：资源；可用于把资源转化为有价值的商品和服务，其中，包括公共商品和服务的技术；文化才能，包括语言、思想和拥有共同理解的共同体；个人的偏好和欲望；使人们能明确表达其偏好并安排人类关系的制度安排。①

对于人类社会秩序的建构，亚当·斯密（Adam Smith）在其不朽著作《国富论》中指出，理想的社会秩序应当建立在市场交易的基础之上。这是因为，人的自由选择会带来最有效率的劳动分工，而市场交易能够将广泛的劳动分工联结为一个合作的体系，使每个社会成员在追求自身利益的同时带来社会财富的增益，从而使个人利益和社会利益、经济发展和社会发展结合在一起。② 标准的微观经济学教科书将其总结为福利经济学第一定律，即竞争的市场一定是有效的。

沿着这一思路，自20世纪70年代以来逐渐发展壮大的新制度经济学，围绕着如何构建和维系能够保障市场经济良好运行的制度支撑展开了深入的研究③，并逐渐形成了治理研究的一个前沿领域，Dixit（2009）将之称为"经济治理"（Economic Governance），即能够支持经济活动和经济交易的法律和社会制度结构及其运作过程。这些制度既包括制定和执行法律的公共秩序，例如，立法机关、警察、司法和监管机构，也包括在国家法律范围内运作的民间秩序，例如，仲裁机制，还包括能够提供相关信息和仲裁服务的盈利机构，以及具有自我实施特征的社会规范和社会网络。这些制度的目的是保护产权，使个人财富免受来自国家和其他社会个体的掠夺；保障合约执行，使参与方都能获得被承诺的收益；以及在公共产品供给方面形成集体行动，避免在提供物质上或组织上的基础设施方面出现"搭便车"（Free-riding）的情况。④ 近30年来，经济治理研究大量吸收政治学、社会学、管理学和法学等理论观点，并借助于信息经济学、博弈论和计量经济学等现代经济学分析工具，成功地刻画了正式制度和非正式制度对市场交易、产权保护和合约执行的影响，研究成果不仅有助于理解规

---

① 奥斯特罗姆，菲尼，皮希特. 制度分析与发展的反思——问题与抉择 [M]. 北京：商务印书馆，1992：333-354.

② 亚当·斯密. 国民财富的性质和原因的研究 [M]. 北京：商务印书馆，1983.

③ 代表性人物主要有1993年诺贝尔经济学奖获得者诺思（Douglas North）、2009年诺贝尔经济学奖获得者威廉姆森（Oliver Williamson）及格雷夫（Avner Greif）、青木昌彦（Masahiko Aoki）、迪克西特（Avinash Dixit）。

④ Dixit, Avinash. Governance Institutions and Economic Activity [J]. *American Economic Review*, 2009 (1)：5-24.

约市场秩序的各种制度的功能、结构及其动态演化，也有助于理解市场之外的经济活动如企业、协会乃至家庭等其他组织的存在原因和运行机理，成为治理与发展研究的一个前沿领域。

建立和完善社会主义市场经济体制，是中国进行改革开放所做出的重大战略抉择。紧紧围绕使市场在资源配置中起决定性作用深化经济体制改革，着力解决市场体系不完善、政府干预过多和监管不到位问题，是全面深化改革的重点和核心问题。因此，虽然从一般意义上来说，对市场经济与社会发展之间关联的研究还需要在亚当·斯密的基础上作进一步的批判、反思和深化，但是经济治理理论对保障和维系市场经济有效运行的制度支撑的深入研究，有利于中国理顺政府和市场的关系，综合运用政府监管、法律和道德规范等多种手段推进市场秩序治理，从而形成系统完备、科学规范、运行有效的制度体系，更好地发挥市场在资源配置中的决定性作用。

二、"治理机制"层次的治理——市场交易与经济治理

从经济治理理论来看，仅靠价格机制并不能保障市场交易的顺利进行。因为交易双方都希望获得更大的收益，只要有可能，都存在着采取各种手段扩大自身收益的动机。例如，卖方总是倾向于提高产品的售价或消极怠工，买方则倾向于拖欠货款甚至拒绝付款。2009 年诺贝尔经济学奖获得者、美国经济学家威廉姆森将这类损害群体而有利于个人的行为统称为"机会主义行为"（Opportunism）[①]。这种情况非常类似于"囚徒困境"（Prisoner's Dilemma），虽然市场交易对买卖双方而言都是有利的，但"机会主义行为"的存在却使市场交易难以达到双方合作的均衡解。

---

① Williamson, Oliver. Transaction Cost Economics: the Governance of Contractual Relations [J]. *Journal of Law and Economics*, 1979（22）: 223-261. Williamson, Oliver. *The Economic Institutions of Capitalism* [M]. New York: Free Press, 1985.

在 Dixit（2004）[①] 的基础上，我们可以建立一个简单的分析框架来更深入地理解市场交易过程。假定一项经济活动需要两个人共同参与完成，这项活动既可以是买卖双方的市场交易，也可以是两个人订立的一份合约等。无论是对于参与人 1 还是参与人 2，他们都有两种选择对待对方：诚实或欺骗。我们假定：如果参与人 1 和参与人 2 都选择诚实，将分别得到收益 H_1 和 H_2。如果参与人 1 和参与人 2 都选择欺骗，将分别得到收益 C_1 和 C_2，并且有 $H_1 > C_1$，$H_2 > C_2$。机会主义行为的存在意味着，如果参与人 1 选择欺骗而参与人 2 选择诚实，参与人 1 将得到收益 D_1，$D_1 > H_1$；参与人 2 将得到收益 L_2，$L_2 < C_2$。类似地，如果参与人 1 选择诚实而参与人 2 选择欺骗，参与人 1 将得到收益 L_1，$L_1 < C_1$；参与人 2 将得到收益 D_2，$D_2 > H_2$。具体支付矩阵见表 2-1。这种情况是典型的"囚徒困境"，很容易得到，此时每个人的最优选择都是欺骗，因而均衡解是（C_1，C_2）。这意味着，机会主义行为的存在会成为市场交易顺利进行的障碍，有效运行的市场经济需要对交易的执行进行治理，通过一定的治理机制来甄别和遏制机会主义行为。换句话说，市场经济只有获得了足够的治理机制的支持才可能取得成功。

表 2-1　市场交易中的囚徒困境

		参与人 2	
		诚实	欺骗
参与人 1	诚实	H_1，H_2	L_1，D_2
	欺骗	D_1，L_2	C_1，C_2

从理论上来说，通过一体化（Integration）的方式可以将市场交易的囚徒困境转变为企业组织内的委托—代理问题。科斯（Ronald Coase，1937）认为，企业就是作为通过市场交易组织生产的替代物而出现的。他指出，

---

① Dixit, Avinash. *Lawlessness and Economics: Alternative Modes of Governance* [M]. Princeton, NJ and Oxford, UK: Princeton University Press, 2004.

用企业内部的科层组织代替市场交易，既可以降低"寻找更为合适的价格"的成本和"谈判成本"，也可以通过采用一个长期合约来代替若干个短期合约，从而降低签订每一个合约所花费的成本。[①] Williamson（1985）进一步指出，用企业内部的科层组织代替市场交易，虽然可以在统一的所有权下辅之以等级激励制度和控制制度，从而降低市场交易的成本，但是却会产生官僚主义成本（The Costs of Bureaucracy）。因此，一项交易究竟是由市场组织好还是由科层组织好，取决于市场交易中的交易成本和组织内部的官僚主义成本之间的权衡（Trade-off）。具体来说，资产专用性程度（Asset Specificity）越高，就越难以被无损失地转作他用，市场交易的规模经济和范围经济就越不明显，用企业内的科层组织取代市场交易就越有效率。[②]

然而即使在企业组织内部，由于合约的不完全性，当参与人之间产生纠纷时，在谈判过程中依然可能存在着由机会主义行为导致的敲竹杠（Hold up）问题。也就是说，投资具有专用性资产的参与方将会因资产无法用作他途而在再谈判中处于劣势，另一方可以利用这一点而获取更大的利益。对此，格罗斯曼（Sanford Grossman）、哈特（Olive Hart）和摩尔（John Moore）等的研究表明，将企业的所有权或控制权赋予那些具有重要专用性投资的人或重要投资决策的人是最优的。[③] 事实上在现实中，为了使一项市场交易能够顺利进行，经常有对于完成交易更为重要的一方向另一方收取定金，从而保证自己在再谈判中不致处于劣势地位。这可以看作Grossman-Hart-Moore 理论的一个具体应用。

但是应当看到的是，无论是在企业内部还是在市场交易中，虽然具有资产专用性的一方可以因获得对方的剩余索取权或定金而增强了谈判能

---

① Coase, Ronald. The Nature of the Firm [J]. *Economica*, 1937 (4)：386-405.

② Williamson, Oliver. *The Economic Institutions of Capitalism* [M]. New York：Free Press, 1985.

③ Grossman, Sanford. and Hart, Oliver. The Costs and Benefits of Ownership：A Theory of Vertical and Lateral Integration [J]. *Journal of Political Economy*, 1986, 94 (4)：691-719. Hart, Oliver. and Moore, John. Property Rights and Nature of the Firm [J]. *Journal of Political Economy*, 1990, 98 (6)：1119-1158. Hart, Oliver. *Firms, Contracts, and Financial Structure* [M]. New York：Oxford University Press, 1995.

力，但是另一方却会因此面临更大的被敲竹杠的风险，因而问题并没有从根本上得到解决。从理论上来说，再谈判成本事实上不为零也使事前的最优产权结构设计并不能解决一体化后的所有问题。

综上所述，科层组织并不能完全替代市场交易。由于市场交易的经常性容易遭受机会主义行为的破坏，有效运行的市场经济需要有相应的机制来对投机者进行甄别、改造或惩罚，从而对市场交易加以规约。换句话说，市场交易离不开经济治理。

三、"制度环境"层次的治理——基于正式制度的经济治理机制

时至今日，已经有越来越多的经济学家认识到，法律作为最重要的正式制度，在维护和保障社会经济良好运行方面发挥着重要作用，是现代市场经济的制度基础。[①] Dixit（2004）认为，法律体系是成功市场经济不可或缺的条件，这是传统经济学的一个共识。[②] 对于欠发达国家，塞德曼夫妇（Ann Seidman and Robert B. Seidman，1994）更是强调："一个完整的发展理论必须能指导法律的形成和实施，以改变第三世界国家持续贫穷和被压迫的制度。"[③] Coase（1960）注意到，在一定条件下，经济的外部性或经济的非效率可以通过当事人的谈判和再交易而得到纠正。[④] 这也就是著名的"科斯定理"（Coase Theorem）。在此基础上，Cooter 和 Ulen（2012）进一步指出，由于谈判和再交易在产权清晰简单时比复杂模糊时更容易，因

[①] 钱颖一. 市场与法治 [J]. 经济社会体制比较，2000（3）. Hatchard, John and Amanda Perry-Kessaris. *Law and Development in the 21st Century*：*Facing Complexity* [M]. London：Cavendish Publishing Limited，2003.

[②] Dixit, Avinash. *Lawlessness and Economics*：*Alternative Modes of Governance* [M]. Princeton, NJ and Oxford, UK：Princeton University Press，2004（2）.

[③] Seidman, Ann and Robert Seidman. *State and Law in the Development Process*：*Problem Solving and Institutional Change in the Third World*. Basingstoke：Palgrave Macmillan and New York：St. Martin's Press，1994.

[④] Coase, Ronald. The Problem of Social Cost [J]. *Journal of Law and Economics*，1960（3）：1-44.

而可以通过建立法律定义简单且清晰的产权来消除私人协商的障碍。他们还指出，除了"润滑"谈判之外，建立法律还可以减少不合作或合作失败造成的损害。当双方没能达成事实上可能实现的私人合作协议时，应当通过法律把产权分配给评价最高的一方，从而使产权交易不再必要，使私人协商造成的损失最小化。[①]

从一个角度来看，就市场交易而言，法律是以交易双方所达成的正式合约为基础的，其有效运作依赖于法庭作为独立于交易双方之外的第三方对机会主义行为进行仲裁和强制性惩罚。法律能够遏制市场交易中机会主义行为的基本机制是，它对违约者的事后惩罚会使违约行为得不偿失，从而产生阻吓作用。在第二部分的模型中，如果参与人1欺骗了参与人2，法庭事后对其施加惩罚为θ，当惩罚足够高以至于参与人1采取机会主义行为的净收益 $D_1 - θ$ 小于选择诚信所得到收益 H_1 时，参与人1的理性选择就是诚信。也就是说，当法庭施加的事后惩罚 $θ > D_1 - H_1$ 时，法律的阻吓作用就可以遏制参与人1的机会主义行为。同样地，为了遏制参与人2的机会主义行为，要求法庭通过施加的事后惩罚 $θ > D_2 - H_2$。在更一般的意义上，关于最优法律和最优阻吓作用的研究主要来自加里·贝克尔（Gary Becker，1968）和乔治·斯蒂格勒（George Stigler，1970），故也被称为 Becker-Stigler 模型。[②]

但是法律的阻吓作用会因其内在不完备性而削弱。由皮斯托和许成钢（Katharina Pistor and Chenggang Xu，2003）提出的"不完备法律理论"（Incomplete Law Theory）认为，由于法律需要被设计为长期适用于大量的对象，并且要涵盖大量迥然不同的案件，而立法者却不能预见未来所有可能的事件，所以法律具有内在的不完备性，即无法准确无误地规定出所有相关的使用情况。他们区分了法律不完备性的两种情况：一种是法律没有

①　Cooter, Robert and Ulen, Thomas. *Law and Economics* ［C］. 6th Edition. Pearson Education, Inc.，2012：81–93.

②　Becker, Gary. Crime and Punishment: An Economic Approach ［J］. *Journal of Political Economy*，1968，76（2）：169–217. Stigler, George. The Optimum Enforcement of Laws ［J］. *Journal of Political Economy*，1970，78（3）：526–536. Polinsky, Mitchell and Shavell, Steven. 2000. The Economic Theory of Public Enforcement of Law ［J］. *Journal of Economic Literature*，2000，38（1）：45–76.

对特定行为进行界定或仅列举了少数行为，使对行为结果的限定很宽泛；另一种是虽然法律明确了应予制止的行为，却不能涵盖所有相关行为。他们认为，法律的不完备性对立法和执法制度的设计有深刻的影响。在高度不完备的法律下，如果损害行为能加以标准化，并且该行为继续下去会产生大量的外部性，此时监管优于法庭。因为监管者能够更灵活地随时间推移而修改法律，并进行主动式执法。①

从另一个角度来看，当合约较为复杂时，对法律规则的解释和适用需要投入更多的精力，此时法庭是否有动力和激励去核实法律细则也是一个问题。因为如果缺乏激励，法庭很可能会推迟裁定或干脆放纵可能的违规者。Glaeser、Johnson 和 Shleifer（2001）的研究认为，由法庭执法的一种替代策略是由监管者执法。由于法庭的设置更为独立因而难以驱动，因而与法庭相比，监管者较容易有惩罚违规者的激励，其好处在于他们执法比法庭更为积极，但潜在的成本是他们有可能采取过度激烈的做法使无辜者受到惩罚。因此，在法庭和监管者之间有这样的权衡：法庭执法激励较弱但没有扭曲，监管者执法激励较强却可能发生扭曲。他们的研究结论是，当执法需要投入较大成本来搜集证据时，监管者执法将比法庭执法更加有效。②

Pistor 和 Xu（2003）及 Glaeser、Johnson 和 Shleifer（2001）的研究，都指出了政府监管对于经济治理的重要意义。政府作为监管者，从一个方面来看，可以在准入限制、行业规范、经济监督和行政处罚等方面发挥作用，进而规约市场交易。但从另一个方面来看，好的政府监管不仅要求是有效的，还要求是公平的，从而避免出现"掠夺之手"（Grabbing Hand），这意味着政府应该在法律允许的范围内依法行政。North（1981）在对经济史上的制度变迁的研究中指出，国家在有能力解决机会主义行为并实现规模经济的同时，也具有了可以最大化其垄断租金从而使经济体制处于低效

---

① Pistor, Katharina and Xu, Chenggang. Incomplete Law [J]. *Journal of International Law and Politics*, 2003, 35（4）: 931-1013.

② Glaeser, Edward and Johnson, Simon and Shleifer, Andrei Coase Versus Coasians [J]. *Quarterly Journal of Economics*, 2001, 116（3）: 853-899.

率状态的能力，这就是著名的诺思悖论。① 为了化解诺思悖论，诺思及其合作者认为，必须建立足够强大的独立司法体系以限制政府对工商业者的违约能力。他们认为，英国在 1688 年进行的光荣革命成功地建立了对王权单方面剥夺所有权的限制，使政府得以切实可信地承诺保护产权，这是西方世界兴起的关键。②

另外，政府监管也面临着与法律类似的问题，即要求所依据的信息是可证实的（Verifiable）。按照 Schwartz（1992）的定义，信息是可证实的意味着它可以被观察到，也能够以经济的方式向其他人证明。如果向第三方证明的成本超过收益，此时信息仅是可观察的，而无法写入一个可以实施的合约中。③ 而且，即使信息是可证实的，由于市场交易很可能涉及各个领域的专业知识，政府是否有能力进行验证也值得怀疑。

四、"嵌入"层次的治理——基于非正式制度的经济治理机制

虽然经济学家们已经达成共识，法律及基于法律基础上的政府监管是现代市场经济最重要的制度支撑，但是正如 Ellicson（1991）在批判"法律中心主义"时所说，不能把建立法律等正式规则看作是规约市场秩序的唯一方法。④ 已经有大量的研究文献表明，即使是在制度功能完善、政府法律机器到位的现代国家中，当出现经济或非经济纠纷时，诉诸法律也并

---

① North, Douglas. *Structure and Change in Economic History* [M]. W. W. Norton, New York, 1981.

② North, Douglas and Thomas, Robert. *The Rise of the Western World: A New Economic History* [M]. Cambridge University Press, 1973. North, Douglas and Weingast, Barry. Constitutions and Commitment: The Evolution of Institutions Governing Public Choice in Seventeenth-Century England [J]. *Journal of Economic History*, 1989 (49): 803-832.

③ Schwartz, Alan. Relational Contracts in the Courts: an Analysis of Incomplete Agreements and Judicial Strategies [J]. *Journal of Legal Studies*, 1992 (21): 271-318.

④ Ellickson, Robert. *Order Without Law: How Neighbors Settle Disputes* [M]. Harvard University Press, 1991.

非双方的首选，而只是最后的选择。① 当法律体系不能良好运转时，法律之外的治理机制往往发挥了不同程度的替代作用。我们从是否有第三方参与的角度将其分为两类：一类是以交易者之间的持续交往为基础的"关系型治理"；另一类是由私人第三方提供的"私人外部治理"。

关系型治理是以交易者之间的持续交往为基础的，它以长期交易关系的破裂作为可置信威胁来遏制交易者的机会主义行为。关系型治理的基本情形是双边重复博弈：如果相同的当事人无限期地重复博弈，任何一方的欺骗都会触发另一方的"冷酷"惩罚，从此结束长期博弈关系，那么只要交易者对于结束长期博弈关系的成本现值预期高于对当期欺骗收益的预期，长期重复博弈就能在无须外部第三方参与的情况下保证合作性均衡的实现。在第二部分的模型中，与参与人 1 选择诚信相比，他选择欺骗的收益将增加 $D_1 - H_1$。但他的行为会导致参与人 2 在与其未来的所有交往中都选择欺骗，因而参与人 1 未来的收益会减少 $r(H_1 - C_1)$，其中，r 表示贴现率，可以反映参与人对未来的重视程度。显然，当 $r(H_1 - C_1) > D_1 - H_1$ 时，参与人 1 的最优选择将是诚信。这样，长期合作关系的破裂就成为机会主义行为的可置信威胁。Axelrod（1984）的研究表明，当 r 逐渐趋近于 1 时，也就是参与双方都足够重视他们的未来时，市场交易不需要第三方就可以实现合作的纳什均衡。② 换句话说，此时的"关系型治理"具有自我实施（Self-enforcing）的特征。

在现实中，关系型治理的一般情形是多边重复博弈，即参与人很少某一个人保持长期关系，但他始终是某个稳定而有凝聚力的团体的成员，这

① Macaulay, Stewart. Non - Contractual Relationships in Business: a Preliminary Study [J]. *American Sociological Review*, 1963 (28): 55-70. Williamson, Oliver. *The Economic Institutions of Capitalism* [M]. New York: Free Press, 1985. Williamson, Oliver. *The Mechanisms of Governance* [M]. New York: Oxford University Press, 1996. Aoki, Masahiko. *Toward a Comparative Institutional Analysis* [M]. Cambridge, MA: MIT Press, 2001. Dixit, Avinash. *Lawlessness and Economics: Alternative Modes of Governance* [M]. Princeton, NJ and Oxford, UK: Princeton University Press, 2004. Gans - Morse, Jordan. Demand for Law and the Security of Property Rights: the Case of Post-Soviet Russia [J]. *American Political Science Review*, 2017, 111 (2): 338-359.

② Axelrod, Robert. An Evolutionary Approach to Social Norms [J]. *American Political Science Review*, 1986 (80): 1095-1111.

个团体会将参与人合作者的违约信息迅速、准确地传递到所有其他成员那里，违约者声誉的丧失会触发该团体的集体惩罚机制，所有成员都不再与其进行交易、从而将其驱逐出关系网络。如果这种集体惩罚的威胁是可信并足够严厉的，该团体就能阻止其成员的机会主义行为，创造出类似于长期重复博弈理论所描述的自我实施均衡。在上面的模型中，假定参与人2是一个团体中的成员，这个团体既可以是 Rauch（2001）意义上的族群（Ethnicity）①，也可以是 Greif（2006）意义上的商人联盟（Trader's Coalition）或商业协会（Merchant Guild）②。虽然参与人1并不一定与参与人2保持长期合作关系，但他却与参与人2所在的团体之间保持长期合作关系。在这种情况下，如果参与人1欺骗了参与人2，这个消息会迅速在整个团队成员中传播，从而导致团体其他成员在未来与参与人1之间的交易中都选择欺骗。这样，参与人1在与参与人2的交易中选择欺骗可以获得额外收益 $D_1 - H_1$，但在未来与团体其他成员之间的交易中会出现损失 $r \sum_{i=1}^{n} (H_i - C_i)$，其中，$r$ 表示贴现率，H_i 表示参与人1与团体第 i 个成员交易时选择诚信的收益，C_i 表示参与人1与团体第 i 个成员交易时选择欺骗的收益，n 表示团体成员的人数。如果满足条件 $r \sum_{i=1}^{n} (H_i - C_i) > D_1 - H_1$，那么参与人1在与参与人2交易时的最优选择将是诚信。

可见，关系型治理发挥作用的关键在于交易者对所预期的违约成本现值与当期违约收益的权衡，只有当现实条件能够创造出足够大的预期违约成本现值时，关系型治理才能发挥作用以保证交易得到顺利的执行。为此需要具备以下条件：第一，由于违约的成本发生于未来，因此，交易者必须足够看重未来，如果即使重复交易也难以保证交易在未来的持续重复进行或未来的交易收益变动不居，交易者就会对预期违约成本做出较大的贴现处理，从而降低预期违约成本现值。第二，由于预期违约成本既包括交

① Rauch, James. Business and Social Networks in International Trade [J]. *Journal of Economic Literature*, 2001, 39 (4): 1177-1203.

② Greif, Avner. *Institutions and the Path to the Modern Economy: Lessons from Medieval Trade* [M]. Cambridge: Cambridge University Press, 2006.

易者对于未来持续交易收益的预期，也包括对外部交易机会所带来的收益的预期，前者与后者之差构成了预期违约成本，因此，关系型治理发挥作用，要求现有关系所带来的交易收益应该足够大于在关系之外所能获得的交易收益，使交易者在现有关系破裂后，只能在关系之外获得较原来相去甚远的收益，从而形成足够高的预期违约成本。第三，对于多边关系来说，集体惩罚的威胁必须是可置信的，一方面，要求团体拥有一个良好的信息传递网络和一个适当的规模，以促使任何违约的信息都能迅速、准确地传递给所有成员，速度和准确性的缺乏会使人们对违约成本的估计大打折扣；另一方面，团体成员还要解决集体行动问题，共同参与到对违约者的惩罚之中，这就要求团体成员拥有相近的认知体系，从而能够对违约行为赋予共同的含义 。

关系型治理发挥作用的条件意味着，这种治理机制所支持的市场经济具有较高的集中度和封闭性，市场交易往往被关系局限在一个个较小的范围内。一方面，阻碍了资源向具有更高效率的用途流动、限制了通过市场整合扩展分工专业化的能力；另一方面，对市场竞争的削弱延缓了技术更新的进程。因此，虽然关系型治理避免了法制建设的昂贵成本、降低了对交易相关信息的要求，但限制了市场交易的范围、不利于经济效率的改进和优化。此外，关系型治理的作用机制决定了它具有"自我削弱"的性质：随着这种治理机制所支持的市场经济不断达到更高的发展水平，日益激烈的市场竞争逐渐降低了人们对未来的重视程度、交易当事人在关系外部获得较高交易收益的机会逐渐加强、交易团体的规模也逐渐得到扩展、团体成员在认知上的差异逐渐扩大，这使关系型治理在推动市场经济发展的同时也削弱了其自身继续发挥作用的能力。

"私人外部治理"可以解决在认知体系上具有较大差异的大量交易者之间不经常的双边交易。从理论上来说，只要有关交易者违约的信息可以传递到他的潜在交易伙伴，那么潜在交易伙伴的抵制就会成为他欺骗行为的可置信威胁。私人外部治理就是由私人第三方作为信息中介和仲裁机构的治理机制。其运作机制是，私人第三方作为一个利润导向型组织，可以收集交易者的交易信息，并在收取费用后将信息提供给想查询其合作伙伴交易历史的人员。在市场交易中，如果有参与者对其交易存在争议，那么私人第三方可以做出仲裁。如果有参与人违约，那么私人第三方将记录其信息，并将信息传递给其未来可能的交易伙伴。从这个意义上来讲，私人第三方作为一个"信息中介"，补充了关系型治理中声誉机制的作用，使集体惩罚的实现不再依赖于团体内部的信息传递网络，从而大大扩展了市场交易的范围；同时，专业化的信息中介能够提供更高质量的交易历史信息，使当事人能够对相关交易者的历史行为做出符合自身认知体系的判断，这不仅解决了交易事前信息的准确获得问题，还提高了交易者行为的灵活性，使其能更多地关注于经济效率而不是传统认知体系下他人的看法。可见，私人外部治理打破了关系对于市场交易范围的束缚、提高了交易者行为的灵活性，从而更有利于经济效率的实现。

除此之外，私人第三方还可以作为一个"仲裁机构"提供合约执行服务。在对纠纷的裁决上，私人仲裁机构具有相对于法庭的信息优势：私人仲裁机构按照产业、地域等进行专业化分工，拥有各个领域的专家，因而可以利用他们的专业知识降低信息收集的成本，并对相关信息做出更充分的利用和更准确的解释，因此，私人仲裁往往能够提供效率更高的纠纷解决方案。同时，私人仲裁还可以根据案件的特定情况采取适当的程序和规则，相较于法庭来说更具灵活性。而在裁决的执行上，私人仲裁则缺乏保证执行与裁决一致的强制力，但他们可以将不履行裁决作为另一种违约行为记录下来并公之于众或直接将违抗裁决者排除在外，这在当事人足够看重未来时是一种有效的执行手段。

私人外部治理机制至少可以追溯到中世纪的欧洲，当时的私人仲裁机构——法律商人（The Law Merchant）就发挥着类似的作用。① 而 Bernstein（1992，2001）对美国钻石行业和棉花行业的研究表明，私人外部治理常

---

① Milgrom，Paul and North，Douglass and Weingast，Barry. The Role of Institutions in the Revival of Trade：the Law Merchant，Private Judges，and the Champagne Fairs［J］. *Economics and Politics*，1990（2）：1-23.

常由行业协会提供。① 在一些特定情形下，有组织的犯罪团伙（黑手党）也可以被视为信息中介及仲裁机构。Bandiera（2003）对 19 世纪封建体制解体后意大利西西里黑手党起源的研究发现，由于安全保护的公共供给无效率，盗贼泛滥，土地所有者开始雇用原来封建地主的守卫以及一些强硬的盗贼来保护他们的财产。② Whiting（1999）和 Dower（1999）的研究发现，1945 年 8~9 月，日本在"二战"后政府全面崩溃，在驻扎的美军重建秩序之前，黑帮（Yakuza）在市场重启中发挥了很大的作用。③ Varese（2001）在俄罗斯和其他转型国家也发现了类似的情况。④

尽管私人外部治理具有以上相对于关系型治理和法律的优势，但它也并不是一种尽善尽美的治理机制。首先，在法律缺失的情况下，没有任何外部机制能够保证私人第三方的诚实性，私人第三方可能通过与交易一方合谋隐藏其违约的历史，或对历史清白的交易者进行勒索等方式，获取额外的收益，因此，私人第三方的诚信问题就需要通过与交易者的长期重复博弈和声誉机制来保证，这要求私人第三方是足够重视未来的。其次，由于缺乏强制力，私人外部治理在本质上还是依赖于违约成本现值对当期违约收益的抵消，这意味着私人外部治理的有效运作仍然要求交易者足够看重未来，但这一要求的严格性较之关系型治理要弱很多，毕竟私人外部治理能将违约的信息传递到更为广泛的空间内，这大大提高了违约所造成的未来交易收益损失。最后，私人仲裁机构的裁决规则和程序有着类似于"公共产品"的属性，以营利为目的的私人第三方往往缺乏足够的激励提

① Bernstein, Lisa. Opting Out of the Legal System: Extralegal Contractual Relations in the Diamond Industry [J]. *Journal of Legal Studies*, 1992 (21): 115–157. Bernstein, Lisa. Private Commercial Law in the Cotton Industry: Creating Cooperation through Rules, Norms, and Institutions [J]. *Michigan Law Review*, 2001 (99): 1724–1788.

② Bandiera, Oriana. Land Reform, the Market for Protection and the Origins of the Sicilian Mafia: Theory and Evidence [J]. *Journal of Law, Economics and Organization*, 2003 (19): 218–244.

③ Whiting, Robert. *Tokyo Underworld*. New York: Random House, 1999, 10 – 11. Dower, John. *Embracing Defeat: Japan in the Wake of World War II* [M]. New York: W. W. Norton, 1999: 140–148.

④ Varese, Federico. *The Russian Mafia: Private Protection in a New Market Economy* [M]. Oxford, UK: Oxford University Press, 2001.

供这些"公共产品"，因此，私人仲裁机构常常供给不足。鉴于以上原因，私人外部治理有必要与法律形成互补：一方面，法庭应当承认私人仲裁在处理特定案件上的信息优势，随时准备依靠其强制力保证裁决的执行；另一方面，政府有必要通过法律形成保证私人第三方诚实性的外部机制；同时，政府要鼓励私人第三方利用信息优势制定规则和程序，并以其在运行中所获得的经验为基础，在法律体系中逐渐采纳它们。

第四节　本章小结

治理的理念是在对发展问题的检讨和反思过程中逐渐形成的，并已经被置于理解发展问题的核心位置上。在以世界银行（World Bank）为代表的主流观点中，穷国之所以穷是因为他们的治理水平差，发展快的和富裕的国家都可以归因为其治理水平的提高。[1] 但是也正像有学者所指出的那样，"治理"一词——像目前关于发展问题的辩论中的其他许多概念一样——被许多大不相同的意识形态群体用于各种不同的、常常是互相冲突的目的。[2]

考虑到治理研究具有跨学科的特点，本章借助于 Williamson（2000）[3] 所提出并概括的社会分析的四个层次，来更清晰地展现不同学科治理研究的发展脉络和相互关联及治理研究与经济治理之间的区别和联系。Williamson（2000）认为，社会分析的第一个层次是"嵌入"，主要包括规范、习俗、传统和宗教信仰等非正式制度，对"嵌入"层次的分析主要属于社会学理论。社会分析的第二个层次是"制度环境"，主要包括政体、

---

① Baland, Jean-Marie and Moene, Karl Ove and Robinson, James. Governance and Development. in Rodrik, Dani and Rosenzweig, Mark. eds. *Handbook of Development Economics*, 2010（5）：4597-4656.

② 辛西娅·休伊特·德·阿尔坎塔拉. "治理"概念的运用与滥用 [J]. 黄语生译. 国际社会科学杂志（中文版），1999（1）.

③ Williamson, Oliver. The New Institutional Economics：Taking Stock, Looking Ahead [J]. *Journal of Economic Literature*, 2000, 38（3）：595-613.

司法和行政机构等与博弈的正式规则或产权规则相关的正式制度。社会分析的第三个层次是"治理机制"，主要包括与交易有关的治理结构的选择和调整，也就是契约安排和博弈本身。对这两个层次的分析主要属于新制度经济学。社会分析的第四个层次是"资源的配置和雇佣"，主要包括价格和数量调整及激励机制的调节。对这一层次的分析主要属于新古典经济学。

然而从治理研究的发展来看，治理研究明显地表现出从"制度环境"层次、"治理机制"层次向"嵌入"层次渗透的趋势，并在政治学研究、社会学研究和经济学研究的共同作用下日益走向合流。而在这个过程中，经济治理理论的发展，在一定程度上丰富和发展了对规范、习俗、传统和宗教信仰等非正式制度的运作机理和社会功能的认知，从而使我们有可能从更一般的和更综合的角度来从整体上审视支撑市场经济运行的制度基础。

治理的理念是在对发展问题的检讨和反思背景下提出的。对中国而言，治理理论关于治理与政治发展、社会发展之间关联的研究，有助于推动对西方式政治制度和社会制度的反思。而在治理与经济发展之间关联的研究中，关于如何建构和维系能够保障市场经济良好运行的制度支撑——有关"经济治理"——的研究，则对于建立和完善社会主义市场经济体制，综合运用多种手段推进市场秩序治理，从而发挥市场在资源配置中的决定性作用和更好发挥政府作用，具有重要的借鉴意义。

本章在一个统一的分析框架下研究了经济治理对于规约机会主义行为从而保障市场交易顺利进行的必要性及法律、政府监管等基于正式制度的经济治理机制，关系型治理、私人外部治理等基于非正式制度的经济治理机制规约市场交易的作用机理和适用条件。主要研究结论如下：

第一，在理论上，可以把侵权、违约等各种破坏市场秩序、妨碍市场经济正常运行的行为归结为威廉姆森意义上的机会主义行为。由于市场交易并不能完全被科层组织所取代，因而市场交易中的机会主义行为就难以避免。如果没有相应的经济治理机制来甄别和遏制机会主义行为，那么市场经济就不能够正常运行。

　　第二，法律作为最重要的经济治理机制，是现代市场经济的基础，其对机会主义行为的规约机制在于，法庭作为独立于市场交易双方之外的第三方对违约行为的仲裁和强制性惩罚。法律能够在规约市场交易方面有效发挥作用的关键是，能否对违约行为产生阻吓作用。法律的内在不完备性及对执法者的激励程度，会限制和妨碍法律在规约市场交易中发挥作用。这意味着，法律难以对所有的市场交易进行规约，不会成为支撑市场经济有效运行的唯一的经济治理机制。

　　第三，当法律高度不完备或执法需要投入较大成本来收集证据时，政府监管可能是比法律更为有效的经济治理机制。但是好的政府监管不仅应当是有效的，还应当是公平的，因而政府的行为是否受到有效的约束是影响政府监管质量的一个重要因素。另外，政府监管要求所依据的信息应当是可证实的，而政府是否有足够的专业能力对信息加以甄别，也是影响政府监管质量的一个重要因素。

　　第四，当法律、政府监管等基于正式制度的经济治理机制不能良好运转时，关系型治理和私人外部治理等基于非正式制度的经济治理机制，也可以在一定程度上规约市场交易。

　　第五，关系型治理以交易者之间的持续交往为基础，以长期合作关系的破裂作为可置信威胁来遏制交易者的机会主义行为，其发挥作用的关键在于，交易者对违约的当期收益的评价小于由此引致的合作关系破裂所造成的未来合作收益的损失。关系型治理既可以表现为双边重复博弈形式，也可以表现为多边重复博弈形式。在多边重复博弈形式中，一人与某一固定团体间有长期合作关系，其违约行为的信息会因在团体内部的社会成员之间传播而招致全体成员的集体惩罚，从而损失掉和团体社会成员间的未来合作收益。关系型治理具有自我实施（Self-Enforcing）的特点，不需要第三方执行仲裁或惩罚职能，因而建设成本低，可以在制度构建不完善的情况下实现对市场交易的规约。但是关系型治理的有效性会随着市场规模的扩大和经济发展水平的提高而弱化。

　　第六，私人外部治理是由私人第三方作为信息中介和仲裁机构的经济治理机制。私人第三方作为信息中介，可以将交易者的违约信息提供给其潜在合作者，从而使信息的传递不再受到个人或团体规模的限制。私人第三方作为仲裁机构，一方面，可以按照产业、地域进行专业化分工，从而提高对信息的甄别能力；另一方面，则可以采取更为灵活的惩罚机制，既可以将违约者诉诸法律，也可以将其违约的信息公之于众从而形成集体惩罚机制。另外，私人第三方可以是利润导向型的机构，这可以提高对私人第三方激励的有效性。

第三章

中国经济治理的分析框架

市场化是当代中国经济的一个重要特征。自 1978 年改革开放以来，随着市场在资源配置中发挥越来越重要的作用，中国逐渐改变了原来中央集权的计划经济体制，实现了连续四十年的经济快速增长，年均实际增长率达到 9.5%。目前主要有两种理论来解释中国的经济成就。一种是以林毅夫为代表的比较优势发展战略理论。① 认为发展战略的选择是否和资源禀赋的比较优势一致，是决定经济体制模式进而决定经济发展绩效的根本原因。改革开放以前，中国发展缓慢的根本原因在于推行了不符合中国比较优势的重工业优先发展战略；而改革开放以后，中国经济得以迅速发展的关键在于改革三位一体的传统经济体制，使中国所具有的资源比较优势能够发挥出来，通过发展劳动密集型产业提高了经济的竞争力。另一种是以钱颖一等为代表的分权理论。② 认为从中央政府向地方政府的财政分权，为地方政府发展本地区经济提供了激励，从而造就了中国经济的成功。③

上述两种理论都把市场能够有效运作当成隐含的假设前提，而没有提及中国的市场经济是如何发育出来并不断成长的。显然，没有市场的有效运转，比较优势发展战略和分权政策都不能够正常发挥作用。因此，理解中国的经济奇迹、分析中国经济的前景，都需要从理论上回答以下两个问题：第一，在中国从计划走向市场的过程中，市场经济是如何运转起来的；第二，如果市场经济的正常运转需要满足一定前提条件的话，怎样才

① 林毅夫，蔡昉，李周. 中国的奇迹：发展战略与经济改革 [M]. 上海：上海人民出版社，1994. 林毅夫. 经济发展与转型：思潮、战略与自生能力 [M]. 北京：北京大学出版社，2008.

② 张军和周黎安联袂编辑的论文集对相关研究进行了汇总。张军，周黎安. 为增长而竞争：中国增长的政治经济学 [M]. 上海：上海人民出版社，2008.

③ Qian, Yingyi and Barry Weingast. China's Transition to Markets: Market-Preserving Federalism, Chinese Style [J]. *Journal of Policy Reform*, 1996 (1): 149 - 185. Qian, Yingyi and Xu, Chenggang. Why China's Economic Reforms Differ: the M-Form Hierarchy and Entry/Expansion of the Non-State Sector [J]. *Economics of Transition*, 1993, 1 (2): 135-170.

能降低市场经济的运行成本，使市场经济的运转更有效率？

经济治理理论所取得的一项主要研究成果，就是大大深化了对维系市场经济运行的制度支撑的认识，对理解市场经济是如何在中国运转起来的具有重要的启示意义。但是其理论总结的主要是市场经济发育较为成熟的国家的实践经验，针对我国的市场经济尚处于发育之中、还未完全定型的现实国情，还需要进一步考虑经济治理理论尚未考虑到或被其视为隐含的假设前提的其他因素，从而在一个更加综合的框架内分析怎样降低市场经济的运行成本，使市场经济的运行更有效率。

第一节　法制建设与中国、俄罗斯及东欧国家市场化的悖论

从严格意义上来说，转型就是一个制度变革的过程。与制度变迁相比，制度变革并不是社会力量自发演化的结果，而是在一个相对较短的时期内（从历史长远来看）人为地、有意识地对社会发展的轨道或社会发展方向的调整。无论是对中国还是对俄罗斯及东欧国家而言，从计划经济向市场经济转型都面临的一个重要任务就是，如何创造出与市场经济相适应的新制度。在这方面，中国和俄罗斯及东欧国家表现出明显的差异：中国的渐进式转型至今仍然没有形成运行良好的法律体系——这一公认的成功市场经济的必要制度基础，但市场经济仍然不断成长，创造了中国的经济奇迹。俄罗斯及东欧国家的"休克疗法"（Shock Therapy）更加注重制度设计，试图通过激进式转型改造法律规则，建构起市场经济的制度基础。结果不但没能塑造一个健康的市场经济，反而给这些国家带来了新的灾难，有学者称其"只有休克，没有治疗"[①]。

经济治理理论的一个重要启示是，有效运行的市场经济需要对交易的

---

① 格泽戈尔兹·W. 科勒德克. 从休克到治疗——后社会主义转轨的政治经济 [M]. 刘晓勇，应春子译. 上海：上海远东出版社，2000：123，129.

执行进行治理，通过一定的治理机制来遏制交易者的机会主义行为。换句话说，市场经济只有获得了足够的治理机制的支持才可能取得成功。从这个意义上来说，要探究中国经济奇迹的理论根源，解开中国和俄罗斯及东欧国家经济市场化的悖论，就必须理解其在经济市场化的过程中是怎样实现对交易执行的治理的，转型又是怎样为相应的治理机制创造出了发挥作用的条件。

一、俄罗斯及东欧国家的法律改革及其失败

比较而言，主流的转型理论更加注重转型的终极目标，因而参照成熟市场经济国家的现实情况，把法律看作支撑市场经济运行的最重要的制度支撑，认为法制建设应当成为理解经济市场化的出发点和落脚点。世界银行（World Bank）曾经提出，法制建设对于降低交易成本、增强市场交易的确定性、控制市场交易者的投机行为具有重要的作用，因而应当成为转型国家推进经济市场化的关键，而俄罗斯及东欧国家在转型之初所进行的产权私有化、经济自由化则是为经济立法所做的必要准备。[①] 国际货币基金组织（International Monetary Fund，IMF）前总裁科勒尔（Horst Köhler）也强调，没有法律，民主社会和市场经济就无法正常运行，因此，转型国家必须对稳定市场经济所必需制度的建立予以高度优先考虑，改善法律环境并做出依法治国的政治承诺。[②]

在上述思想的影响和指导下，俄罗斯东欧国家在转型之初便开始了法律和相关制度的改革。[③] 而为了能够在短时间内快速地建立起相对完整的法律体系，俄罗斯及东欧国家大量借鉴和模仿西方发达国家尤其是欧盟的

---

① World Bank. *World Development Report* 1996：*From Plan to Market* [M]. New York：Oxford University Press，1996.

② Köhler, Horst. Law Goes to the Heart of the Transition Process [M]. *Law in Transition*，EERD，1998.

③ 以俄罗斯为例，雅科夫列夫（Alexander Yakovlev）将俄罗斯向市场经济转型的前十年描述为"疯狂的法律创新"。See Yakovlev, Alexander. *Striving for Law in a Lawless Land*：*Memoirs of a Russian Reform* [M]. Armonk，NY：M. E. Sharpe，1996.

法律制度，采用移植的方式来加快推进法律制度的改革，构建新的法律体系。有学者指出，在一些情况下，西方国家的法律甚至未经任何修改就被直接移植到了某些国家。① 除了移植民法、商法、行政法和刑法等法律的主要内容之外，俄罗斯东欧国家还移植了法庭和法律专业设置，从而建立了相对完整的法律体系。

然而，看似完整的法律体系并未像预期的那样在规约交易、规范市场秩序方面发挥作用，很多法律法规都形同虚设、只是停留在书面上的一纸条文，没有得到有效、持续的使用和执行。即使在最成功的转型国家，许多新的商业法律也没有得到有效或一贯的实施。对此，Channell（2005）评价道："新法律很好；他们只是没有执行。"② 1999 年欧洲复兴开发银行（European Bank for Reconstruct and Development，EBRD）和世界银行（World Bank，WB）联合进行一项企业调查表明，在俄罗斯、吉尔吉斯斯坦、摩尔多瓦和乌克兰，大约有75%的企业对法律体系在解决商业纠纷和维护产权方面所发挥的作用表示不满意。③ Lee 和 Meagher（2001）对吉尔吉斯斯坦和哈萨克斯坦等中亚国家的商业金融环境研究发现，与正式的法律制度相关性较强的融资交易并未成为他们的优先选择，企业的行为主要依赖非正式制度和自我强制协议的安排，在纠纷发生时也通常不是由法律手段解决。而且，即使是进行融资交易的企业也没有利用商业法律或相关的国家制度来获得支持，因为投资于法律保护的成本要远高于其带来的收益。④ Frye（2001）通过对莫斯科和华沙的小企业产权问题的调研也发现，店主所做出的大规模投资决定与法律制度、法院绩效、国家管理政策及社

---

① Ajani, Gianmaria. By Chance and Prestige: Legal Transplants in Russia and Eastern Europe [J]. *The Journal of Comparative Law*, 1995, 43 (1): 94-117.

② Channell, Wade. Lessons Not Learned: Problem with Western Aid for Law Reform in Post-Communist Countries [N]. *Carnegie Papers*, 2005: 57.

③ 转引自 Hoff, Karla and Stiglitz, Joseph. After the Big Bang? Obstacles to the Emergence of the Rule of Law in Post-Communist Societies [J]. *American Economic Review*, 2004, 94 (3): 753-763。

④ Lee, Yong and Meagher, Patrick. Misgovernance or Mispeeception? Law and Finance in Central Asia [M]. Murrell, Peter (eds.). *Assessing the Value of Law in Transition Economies*. Ann Arbon: University of Michigan Press, 2001: 133-179.

会专业组织等相关因素没有关系。① 在对俄罗斯的研究中，Hendley（2001）发现，当纠纷发生时，经济主体并不会将诉讼当作优先选择，而俄罗斯的法律工作者也没有在这类纠纷中发挥积极作用，结果是企业在交易中发生分歧时并不会向法院提出诉求，而是采取其他方式寻求解决。② Hay 和 Shleifer（1998）更是指出，在一些情况下取而代之的是大量有组织犯罪团伙（黑手党）在规约市场交易方面发挥着主要作用。③ 许成钢和皮斯托对俄罗斯金融市场治理情况的研究也得出了类似的结论，虽然俄罗斯转型中的法律改革成效显著，最终建立了与发达国家类似的法律框架，但是新的、各方面都很到位的法律体系并没有对金融市场的发展做出贡献。④

事实上在世界范围内，俄罗斯及东欧国家所选择的法律变革方式具有一定的普遍性。20 世纪 60~90 年代兴起了两次法律与发展浪潮，旨在通过向发展中国家提供法律加强法制建设来推动后发国家的经济发展。⑤ 但无论是在俄罗斯及东欧国家还是在广大第三世界国家，这种忽视法制建设的时机选择和方式选择的供给主导型法制建设都没有取得预期的效果，以失败而告终。

二、法律需求与法制建设的成效

从理论上来说，法律能够规约市场交易，这至少需要满足两方面的条件：首先，必须存在一套运行良好的法律体系。一般而言，法律机器的构建并使其良好运转是一个缓慢而昂贵的过程，不仅需要起草、解释和执行

---

① Frye, Timothy. Keeping Shop: The Value of the Rule of Law in Moscow and Warsaw. In: Murrell, Peter（eds.）*Assessing the Value of Law in Transition Economies*［M］. Ann Arbon: University of Michigan Press, 2001: 229-248.

② Hendley, Kathryn. Beyond the Tip of the Iceberg: Business Disputes in Russia. In: Murrell, Peter（eds.）. *Assessing the Value of Law in Transition Economies*［M］. Ann Arbon: University of Michigan Press, 2001: 20-55.

③ Hay, Jonathan and Shleifer, Andrei. Private Enforcement of Public Laws: A Theory of Legal Reform［J］. *American Economic Review*, 1998, 88（2）: 398-403.

④ 许成钢，卡特琳娜·皮斯托. 执法之外的机制——中俄金融市场的治理［J］. 比较, 2003（6）.

⑤ 李桂林. 法律与发展运动的新发展［J］. 法治论丛, 2006（5）.

各种法律条款和条文，培训和雇用法庭及律师人员，还要建立司法、行政、立法等各权力机关并维护其运转，更重要的是，必须能有效减少腐败以保证法庭判决与执行的公正性。显然，对于发展中国家和转型国家来说，这绝不是一件可以一蹴而就的工作。其次，即使存在这样一套运行良好的法律体系，基于法律的治理机制还对交易相关信息具有较高的要求，法庭必须能够证实这些信息，否则就不能判定违约行为是否发生。但在很多交易中，违背合约的情况只能为当事人和具有专业知识的第三方所了解，因此，法律并不适用于所有交易的执行，即使是在法律体系运作良好的现代发达国家，也需要其他治理机制与之形成互补。另外，法庭必须在法律范围内受理所有的案件、保持所有案件在规则和程序上的绝对一致，因此，在灵活性上存在固有的劣势，这也要求用其他治理机制来补充法律的作用。事实上，即使是在法律制度比较完善的现代发达国家，法律也往往只充当着其他治理机制的庇护。①

从交易执行的视角来看，中国和俄罗斯及东欧国家向市场经济转型的实质，就是为规约市场交易的治理机制创造出发挥作用的空间，从而保证市场交易的经常性进行。俄罗斯、东欧国家的经济市场化更加侧重于让法律发挥作用，因而它们将法制建设作为推进经济市场化的关键，而把产权私有化、经济自由化作为建立经济法制的前提基础。但是应当看到，法律只有在社会个体对其产生需求的情况下才能够发挥作用。对社会个体而言，采用正式合约来保证交易执行是有成本的：这不仅表现在需要支付诸如审判、聘请律师等方面的费用，还表现在采用正式合约存在一定的风险，例如，纠纷可能无法得到公正的裁决、法律体系的运转速度也许过于缓慢等。因而，只有当交易者通过市场交易所获得的收益大于使用正式合约的成本时，交易者才会产生对法律的需求。如果法制建设没有达到一定的完善程度，从而司法和执法的质量不高、法律体系的运行效率低下，就

---

① Macaulay, Stewart. Non - Contractual Relationships in Business: a Preliminary Study [J]. *American Sociological Review*, 1963 (28): 55-70. Williamson, Oliver. *The Economic Institutions of Capitalism* [M]. New York: Free Press, 1985. Williamson, Oliver. *The Mechanisms of Governance* [M]. New York: Oxford University Press, 1996.

会大大增加交易者使用正式合约的成本，在此情况下，国家颁布的法律规则可能只是形同虚设。事实上，法律规则质量不高、法律体系运行效率低下、腐败和"寻租"活动盛行使法庭裁决缺乏公正性，这些正是俄罗斯法制建设的现实。当然，如果市场交易的收益足够大以至于超过了使用正式合约的成本，社会个体也会形成对法律的需求。而从根本上来说，市场交易的收益是与经济发展水平相联系的：当经济发展水平比较低时，社会分工不发达，通过市场交易可获得的收益也就不大。因此，处于较低经济发展水平的发展中国家难以产生对法律的需求。可见，对转型国家来说，由于经济发展水平不高、市场交易的收益有限，因而严重影响了社会个体对于法律的需求，而与此同时，建立一个运行良好的法律体系，以将使用正式合约的成本降到较低的水平，又不是短时间内所能完成的任务。因此，在没有形成足够法律需求的情况下，超越经济发展阶段来进行法律供给很难取得理想的效果，至少在体制转型的早期阶段，法律难以在转型国家经济市场化的过程中发挥主要作用。

第二节　中国经济治理的现实前提和逻辑起点

中国的现实情况是法制建设总体上要落后于经济市场化。例如，中国的国有企业改革开始于 20 世纪 80 年代中期，但相关措施直到 1988 年《全民所有制工业企业法》颁布之时才被正式法律化，直到 1994 年《公司法》颁布才确立了有限责任公司的国家标准。又如，中国的物价改革肇始于 20 世纪 80 年代，但《价格法》却直到 1997 年才颁布。再如，1999 年中国进行《合同法》的修订，才将之前仅适用于外资企业的公司法律推广到了国内企业，将所有企业置于同一部法律的统一管理之下。[①] 还如，中国的非

---

① Yueh, Linda. *Enterprising China：Business, Economic, and Legal Development Since* 1979 [D]. Oxford：Oxford University Press, 2011：56-57. 琳达·岳. 中国的增长：中国经济的前 30 年与后 30 年 [M].鲁东旭译. 北京：中信出版社，2015：42-43.

公有制经济发展开始于 20 世纪 80 年代初，但直到 1988 年通过的宪法修正案，才明确要保护私营经济的合法权益。更一般地，我国的改革开放开始于 1978 年，而依法治国、建设社会主义法治国家直到 1997 年党的十五大才成为治国的基本方略和社会主义现代化的重要目标，直到 1999 年才被写入宪法，直至今日全面依法治国依然是"四个全面"战略布局中的重要一环。私有产权的确立也并未成为中国经济市场化的一个前提基础，因为中国的产权明晰化经历了相当长的过程，在 20 世纪 80 年代，正是产权并不清晰的乡镇企业成为支撑中国经济增长的一支重要力量。中国的经济市场化也并不是一个纯粹的自由化的过程，而是在政府的干预下进行的，有大量的理论和实证研究都表明，地方政府在中国经济市场化的过程中起到了非常重要的作用。① 那么，中国的经济市场化是如何取得成功的呢？

经济治理理论研究所得出的一个重要启示，就是不再坚持"法律中心主义"② 的基本观点，把法制建设看作是唯一的方法。而是看到了现实中即使是在制度功能比较完善、政府法律规则到位的成熟市场经济国家中，诉诸法律也并不是相关当事人解决交易争端的第一选择，只是被看作所有可能的解决方式中的最后选择。③ 因此在规约市场秩序方面，注意到了法律和法律之外的经济治理机制之间存在替代或者互补关系。

一、农业改革与关系型治理

中国从计划经济向市场经济的转型实践表明，在经济发展水平较低的

① 张军，周黎安. 为增长而竞争：中国增长的政治经济学 [M]. 上海：上海人民出版社，2008.

② Ellickson, Robert. *Order Without Law：How Neighbors Settle Disputes* [M]. Harvard University Press, 1991.

③ 此类证据的经典文献参见 Macaulay, Stewart. Non-Contractual Relationships in Business：a Preliminary Study [J]. *American Sociological Review*, 1963（28）：55-70. Williamson, Oliver. *The Economic Institutions of Capitalism* [M]. New York：Free Press, 1985. Williamson, Oliver. *The Mechanisms of Governance* [M]. New York：Oxford University Press, 1996. Aoki, Masahiko. *Toward a Comparative Institutional Analysis*. Cambridge, MA：MIT Press, 2001. Dixit, Avinash. *Lawlessness and Economics：Alternative Modes of Governance*. Princeton, NJ and Oxford, UK：Princeton University Press, 2004.

情况下，社会个体缺乏对法制的需求，关系型治理可以作为一种替代的治理机制来规约市场交易，保证市场交易的经常性进行。因此，关系型治理是分析中国经济治理的一个现实前提和逻辑起点。

关系型治理最初是栗树和在分析东亚奇迹和亚洲危机的过程中提出来的。① 王永钦（2006）进一步指出，关系型治理的作用范围可以从一个市场扩展到互联的多个市场。② 但是王永钦的研究所关注的只是长期重复博弈的标准情形，没有对关系型治理发挥作用的条件特别是为使集体惩罚可信而应满足的条件做出全面的分析。另外，王永钦将其原因归结为转型方式的差异，他认为关系型治理之所以能够在中国发挥作用，是因为渐进式转型没有使原来维系社会经济互动的关系型合约遭到很大的破坏，在法律不完善的情况下，关系型合约仍然能够维持社会经济的运行；而俄罗斯的激进式转型几乎是在一夜之间打破了这种长期以来自我实施的关系型合约，但在短期内又不可能建立起基于法律规则的治理模式，于是便出现了"治理真空"。然而在社会主义的改革实践中，渐进式改革并非中国首创，从历史上包括中国和苏联及东欧国家在内的传统社会主义国家在 20 世纪 50~90 年代初曾经历了三次比较明显的"改革浪潮"。③ 总的来看，这三次改革浪潮都是渐进式的，中国在 1978 年改革开放之初所采取的许多举措都曾经在这三次浪潮中被苏联及东欧国家所实行。那么，为什么关系型治理只在 1978 年中国改革开放中发挥了重要作用，而在其他情境下都无一例外地失败了？事实上，行政命令协调是传统社会主义经济最主要的治理机制，俄罗斯及东欧国家的"休克疗法"所破坏的其实是传统体制下业已形成的生产链条④，而不是关系型治理机制。

与传统社会主义国家的三次"改革浪潮"一样，中国自 1978 年开始

① Li, Shuhe. Relation-based versus Rule-based Governance: An Explanation of the East Asian Miracle and Asian Crisis [J]. *Review of International Economics*, 2003, 11 (4): 651-673.

② 王永钦. 市场互联性、关系型合约与经济转型 [J]. 经济研究, 2006 (6).

③ 贝尔纳·夏旺斯. 东方的经济改革——从 50 年代到 90 年代 [M]. 北京: 中国社会科学出版社, 1999.

④ Blanchard, Oliver and Kremer, Michael. Disorganization [J]. *Quarterly Journal of Economics*, 1997, 112 (4): 1091-1126.

的改革开放，仍然是以组织化调控的弱化和松动为主要内容的，但这次改革所采取的战略与以往不同，并不是直接从城市国有企业开始的，而是率先从农业领域开始并取得突破的。这种以农村为突破口的转型战略为关系型治理创造出了发挥作用的条件，是中国经济市场化成功启动的关键。农业生产受自然和地域等因素影响非常大，具有工种复杂、作业分散、季节差别大等特点，因而它总是与相对封闭、人口流动有限的村社联系在一起的，在村社内部，社会个体之间的相互协作有利于传播技术、降低决策成本和管理成本、提高承担风险的能力。① 由于村社内部的社会个体往往是以家庭、血缘或地缘等关系为纽带连接在一起的，他们之间在认知体系上的差别很小、信息也很容易在村社内部得到快速准确的传递，因此，村社内部成员能够对违约行为赋予相同的含义并使之得到广泛传播，这意味着多边集体惩罚的威胁在村社内部具有极高的可信性。同时，村社相对封闭的交往空间和有限的人口流动，既增强了人们对于长期重复交易的预期，又减少了人们在村社外部获得交易收益的可能性。这些都为关系型治理在行政命令减弱后发挥作用创造了非常好的条件。

从实际情况来看，农业领域的改革所引致的经济市场化是从集市交易开始的，农户一般在当地集市购买生产资料，出售产品，与本社区农户进行其他交易，例如，雇用机械或劳动力、进行民间借贷等。乡镇企业作为农业改革的一项重要成就，在改革开放后相当长的一段时间内一直是中国经济活力的重要来源，也往往是在"离土不离乡""进场不进城"的情况下，背靠村社、通过与亲戚朋友"拉关系"等方式获得资源、实现发展的②。这些事实都说明了，农业改革确实为关系型治理创造出了发挥作用的条件，使其在中国经济市场化早期发挥了重要的作用。

按照这个逻辑，率先在农村取得突破的改革更有利于关系型治理发挥作用，进而成功启动转型国家的经济市场化进程。这有助于我们重新思考决定中国和俄罗斯经济转型绩效差异的关键因素究竟是转型的初始条件还

---

① 吴敬琏. 当代中国经济改革 [M]. 上海：上海远东出版社，2003：87-89.
② 刘世定. 乡镇企业发展中对非正式社会关系资源的利用 [J]. 改革，1995（2）. 李路路. 社会资本与私营企业家——中国社会结构转型的特殊动力 [J]. 社会学研究，1995（6）.

是转型战略。Sachs 和 Woo（1994）将中国和苏联及东欧国家经济转型绩效的差异归结为转型前不同的经济结构。中国在转型之前是一个农业社会，在国有体制外存在着大量的农村剩余劳动力，由于农民的生活水平很低并且没有社会保障，因而有大量的劳动力愿意向非国有部门转移，这为非国有经济的发展提供了保证。因此，中国的经济转型实际上是一个发展问题，可以通过劳动力从低生产率的农业部门转移到高生产率的工业部门而较容易地实现。而苏联及东欧国家在转型之前则城市化水平普遍很高并存在着过度工业化的问题，国有部门几乎覆盖了全部人口，并配有广泛的社会福利体系，这使劳动力不愿意向没有任何补贴的非国有部门转移，非国有经济的发展也就难以获得劳动力支持。因此，苏联及东欧国家的经济转型面临的是结构调整问题，既要削减低效率工业部门中的就业和补贴，又要在更为有效的工业和服务业部门增加新的工作岗位，这种调整要比劳动力从农业部门转移到工业部门更为困难。[①] 而实际上，农业改革的成功的确对转型的顺利进行具有重要意义，但应当视其为转型战略的一部分，而不应该将其归结为转型的初始条件。无论转型的初始条件如何，更加重视农业改革的转型战略都更容易启动转型国家的经济市场化进程，因为农业领域更加具备使关系型治理发挥作用的条件，关系型治理由于具有自我实施性，几乎不需要交易者为使用这种治理机制而支付任何成本，因而在经济发展水平低、法制建设不完善的情况下，更符合社会的需求，从而更有利于转型国家经济市场化进程的启动。事实上，苏联经济体制改革的历史表明：凡是重视农业领域，从而在农业领域取得一定成效的改革，都对传统社会主义体制的缓和起到了积极的作用，例如，赫鲁晓夫时期和勃列日涅夫时期的改革；而反之，不重视农业而仅仅把重点放在工业领域里的改革，都造成了传统社会主义体制的进一步恶化。陆南泉就曾经指出，戈尔巴乔夫时期改革的一个重要失误就是没有从农业领域开始，这影响了整个经济体制改革的顺利进行。[②]

---

① Sachs, Jeffrey and Woo, Wing Thye. Structural Factors in the Economic Reforms of China, Eastern Europe, and the Former Soviet Union [J]. *Economic Policy*, 1994, 9（18）: 102-145.

② 陆南泉. 苏联经济体制改革史论 [M]. 北京: 人民出版社, 2007: 610-611.

在中国经济转型过程中，农村市场经济的发展对于城市经济市场化的成功发挥了极其重要的作用，这可以进一步说明以农村为突破口的转型策略的合理之处。中国城市的经济体制改革是从对国有企业的"放权让利"开始的，即允许企业拥有对一部分利润的支配权和一定的在计划外采购投入品和生产、销售产品的自由，并进而广泛推行"双轨制"，允许计划外的产品在市场上进行自由交易。这些改革举措实际上是与传统社会主义国家的三次"改革浪潮"一脉相承的，但不同的是，这次改革走出了一条经由局部改革实现经济全面市场化的成功之路。我们认为，这得益于农业改革带来的乡镇企业的广泛发展。由于乡镇企业并非国家计划的产物，它的发展也始终没有被纳入资源配置的计划当中，因此，其能源、原材料供给需要从计划分配范围之外取得，产品也需要在计划渠道以外进行销售。①改革前，由于城市部门被严格的行政计划所控制，并没有为乡镇企业提供任何进入的空间，因此，乡镇企业的经济活动大多局限于将当地的原材料加工成产品再提供给当地的买主。20 世纪 80 年代初，国有企业微观环节放权让利的改革及"双轨制"的出现，为乡镇企业提供了进入与发展的条件；同时，城市部门偏向重工业的产业结构及随之出现的短缺经济，也为以轻工业为主的乡镇企业创造了广泛的市场。于是，几百个县和几千个生产大队的企业家似的领导者利用这一机会，闯入了他们向往多年的城市市场。②乡镇企业的进入立刻给城市部门带来了活力，它们成了城市部门体制外经济活动最初的交易对象：乡镇企业吸收了最初流出计划体制的投入品，构成了城市计划外供给的最初动力；其产品在体制外的销售也构成了城市计划外需求的最初源泉。由于乡镇企业从其起步之初就面临着市场竞争、预算约束相对硬化，因而对市场机制具有先天的适应性，它伴随着城市经济改革大幕的拉开而在城市部门的大量涌现，使城市中最初走出计划体制的经济主体能够在与乡镇企业的交易中迅速融入市场，这对于城市市

---

①　蔡昉，王德文，都阳．中国农村改革与变迁——30 年历程和经验分析［M］．上海：格致出版社，上海人民出版社，2008：80.

②　托玛斯·G. 罗斯基．中国工业改革：成就、展望和经验含义［J］．王裕棣译．经济研究，1994（12）.

场在体制外的快速有序成长意义重大。

二、从农村到城市：关系型治理的扩展

从农业领域开始的改革为关系型治理创造出了发挥作用的空间，使中国在法制建设不完善和经济发展水平较低的情况下成功启动了其市场化进程。在接下来的转型过程中，有两个途径扩展了关系型治理的作用空间，让始自农村的经济市场化迅速扩散到城市，并进而将市场的触角延伸到国外。

扩展关系型治理的一个途径是社会关系的开发和利用。中国的传统社会主义体制建设，通过将城市人口组织在各类企事业单位中而破坏了其原有的社会关系：在以单位为主要社会空间的生活中，人们的一切活动都主要围绕着同事和上下级这两种正式关系展开，党和政府的行政控制几乎覆盖了社会生活的所有领域，其他的社会关系因而失去了发挥作用的空间，从而在很大程度上被淡化了。1978 年开始的改革开放意味着组织化调控的弱化和松动，这给人们带来了脱离传统计划经济体制的机会，但由此引发的问题是，在其他社会关系均被淡化时，社会个体将以什么为依托来从事体制外的经济活动？与农村原有社会关系较少的淡化不同，城市经济市场化的进行需要经历一个重新开发和利用原有社会关系的过程，在这一过程中，关系型治理的范围开始扩大到非农业领域。人们在计划经济时期通过参军、求学、成为党政系统负责人等渠道所增加的社会关系及原有的基于血缘和地缘的社会关系开始得到充分的开发和利用，为市场交易的执行提供保障。一些社会学文献将中国社会的这种特征称为"裙带关系"（Nepotism）或者"熟人经济"（Acquaintance Economy）。

与农村建立在多边集体惩罚机制基础上的关系型治理不同的是，在城市新形成的关系型治理多为双边关系。在城市的关系中，人们对未来的重视程度相对要小，因为对更高经济效率的追求常常使人们即使诚实交易也很难保证双边关系的长期性；同时，人们在双边关系之外获得较高交易收益的机会显然要大于多边的情形。于是，在城市的双边关系下，预期违约

成本现值将在人们的计算中大打折扣，要使关系型治理在此情况下发挥作用，交易本身就必须能给予当事人一个较好的收益，以抵消掉这种折扣的影响。这就是为什么在中国，城市部门最初的体制外交易是同乡镇企业进行的。乡镇企业从其诞生伊始就面向市场，其生产的产品多以市场需求为导向，在城市部门偏向重工业的产业结构没有改变时，乡镇企业的产品具有稳定的销路；同时，乡镇企业没有政策性负担，企业的运作以利润为导向，因而其经营管理更有效率、自生能力强。[①] 乡镇企业的这些优势吸引了城市体制外的经济主体首先与之成为交易伙伴，并在这些由关系型治理支持的交易中迅速融入市场。从这一角度出发，也有助于解释为什么在"三次改革"浪潮中，苏联及东欧国家试图从城市入手启动经济市场化进程的改革，总是出现"一放就乱、一收就死"的情况。城市国有企业的生产多服务于传统社会主义国家的"赶超战略"，其产品严重脱离市场需求，在市场上并不具有乐观的销路；同时，沉重的政策性负担和普遍的软预算约束，也严重削弱了国有企业的市场竞争力。在此情况下，国有企业之间交易的收益，便难以满足双边的关系型治理发挥作用的条件。可见，从城市入手的改革策略，由于没有为城市的关系型治理创造出发挥作用的条件，因而难以在城市形成健康有序的市场交易，从而启动经济市场化的进程。

中国在其经济市场化的过程中还广泛出现了一种"基于礼尚往来的惠顾关系"。根据 Carmichael 和 MacLeod（1997）提出的惠顾模型，礼尚往来可以在陌生人之间形成约束力，以保证双方在未来交往中的信任度。[②] 这种"基于礼尚往来的惠顾关系"作为关系型治理的新载体，不断将市场交易的范围拓展到拥有各种不同资源的更为广阔的空间内。这里尤其值得一提的是以地方官员为核心的关系型治理对于跨地区经济交易的重要支持作

[①]　蔡昉、王德文、都阳. 中国农村改革与变迁——30 年历程和经验分析 [M]. 上海：格致出版社，上海人民出版社，2008：80.

[②]　因为打"游击战"的欺骗者必须在每次开始新交易前都购买礼品，而诚实者在长期重复交往中只需购买一次，从而事前的礼品交换会降低成为欺骗者的相对收益. Carmichael, Lorne and MacLeod, Bentley. Gift Giving and the Evolution of Cooperation [J]. *International Economic Review*，1997（38）：485–509.

用。在转型初期，市场交易与人们的社会关系往往被局限于本地区内部，随着市场的成长，外部市场的交易机会对本地区内的交易者产生了越来越大的吸引力：本地市场经济的进一步发展，既需要从外部采购本地无法供给的原材料，也需要依靠外部市场来消化本地产品以扩展规模经济。于是，中国企业家的一个创造性方法就是，在现有社会关系的基础上，通过利益交换机制与外地的地方官员"拉关系"，一旦与外地地方官员建立起亲密的关系，该企业家与当地任何一家企业之间的交易就可以得到执行的保障，因为地方官员既有能力也有意愿为这种跨地区交易的执行提供支持。① 从以上分析可以看出，中国通过社会关系的开发和利用有效扩展了关系型治理的作用空间，使其从农村扩散到城市，有力地支持了中国经济市场化进程的深入。

　　使关系型治理的作用空间得到扩展的另一个途径，是逐渐推进的对外开放。中国和俄罗斯及东欧国家转型的差异在很大程度上表现在对外开放的方式上②：俄罗斯及东欧国家的"休克疗法"将对外开放视为经济自由化的一个重要方面，在没有调整好本国经济体系的情况下就匆匆打开国门，这种激进的开放战略使原来在计划经济体制下形成的对外联系渠道突然中断，本国经济由此陷入困境。有趣的是，对外联系的突然中断所引起的生产链条的断裂是所有的经互会国家都面临的同样问题，甚至那些参加经互会的非社会主义国家也因此受到很大冲击。最典型的就是芬兰，芬兰根本就不存在向市场经济转型问题，也不存在私有化问题，它本来就是一个市场国家，与东欧剧变的体制转型毫不沾边，但是仅仅由于连带合作由于经济互助委员会解体，它的供货渠道中断、外销市场打乱、对外贸易一时无法调整，就使芬兰这个并没有发生转型的国家在 20 世纪 90 年代前期国民生产下降了 1/4 以上，经受了一场没有"疗法"的"休克"或叫经历了一场没有经过转型的衰落。③ 与俄罗斯及东欧国家不同，中国的对外开

---

　　① 黄少卿. 中国转型时期一个非正式合同执行机制：背景、模型与解说——地方官员在转轨过程中的合同执行功能 [J]. 制度经济学研究, 2006 (1).

　　② 孙景宇, 何淳耀. 论对外开放与分权改革的互动 [J]. 当代经济科学, 2008 (6). 南开大学课题组. 全球化条件下中国转型的总体性战略框架与现实取向 [J]. 改革, 2009 (7).

　　③ 金雁. 俄罗斯经济转轨为什么这么难 [J]. 战略与管理, 2003 (6).

放是一个渐进的过程，原有的对外联系在转型初期均被保留下来，并在改革的过程中不断取得新的发展，成了沟通国内市场与国际市场的桥梁。中国在计划经济体制下的对外联系是通过专营的外贸公司进行的，它们熟悉国外的贸易规则、有着较为稳定的对外联系渠道，对外签订正式的贸易合约，对内则更多地依靠关系进行合约转包，从而在以法律规则为基础的国外市场和以关系为基础的国内市场之间建立起一个信任的链条。随着中国外贸体制的改革，在原有外贸公司的基础上又出现了众多拥有对外贸易自主权的外贸企业，这些外贸企业作为一种特殊的中介，将关系型治理支持下的国内市场与国际市场联系起来，使中国在国内市场具有较高的集中度和封闭性的情况下，能够将市场交易延伸到国外，用外部市场来弥补国内市场不足的缺陷，有力地推进了中国市场经济的发展。

在已有文献中，Allen、Franklin 和 Qian（2005）发现，声誉和关系是支持中国民营经济增长的最重要机制。[1] 郑军、林钟高、彭琳（2013）通过对上市公司的研究表明，在转型经济环境中，企业关系网络已然成为法律制度缺失的一种替代保护机制，从而降低交易成本，提高企业价值。[2] 另外，边燕杰（Bian Yanjie）发现，社会关系会影响中国城市的就业分配和劳动力流动。[3] 杨美惠（Yang Mayfair Mei-hui, 1994）认为，礼品、餐饮和娱乐是保持社会关系的常用方式。[4] 蔡洪滨、方汉明和徐立新（2011）认为，娱乐和旅游支出既可以作为"润滑剂"在获得政府服务方面发挥作用，也可以作为"保护费"在降缴税收和额外管理支出方面发挥作用，还可以在与供应商和客户建立关系资本方面发挥作用。[5] 黄玖立、李坤望

① Allen, Franklin and Qian, Jun and Qian, Meijun. Law, Finance, and Economic Growth in China [J]. *Journal of Financial Economics*, 2005（77）：57-116.

② 郑军，林钟高，彭琳. 法制环境、关系网络与交易成本——来自中国上市公司的经验证据 [J]. 财经研究，2013（6）.

③ Bian, Yanjie. Guanxi and the Allocation of Urban Jobs in China [J]. *China Quarterly*, 1994（140）：971-999.

④ Yang Mayfair Mei-hui. *Gifts, Favors and Banquets: the Art of Social Relationships in China* [M]. Ithaca, New York: Cornell University Press, 1994.

⑤ Cai Hongbin, Fang Hanming and Xu Colin Lixin. Eat, Drink, Firms, Government: An Investigation of Corruption from the Entertainment and Travel Costs of Chinese Firms [J]. *Journal of Law and Economics*, 2011（54）：55-78.

（2013）的实证研究也表明，企业在吃喝方面的支出越高，就越容易从政府和国有企业那里获得订单。①

第三节　市场化与经济治理机制的转型

与成熟市场经济国家不同的是，由于中国的市场经济尚处于发育之中，还未完全定型，因此，对中国经济治理的研究，不仅要从静态上分析究竟是什么样的经济治理机制支撑了市场经济的运转，从而理解市场经济是怎样从无到有的；更要从动态上分析怎样才能降低市场经济的运行成本，提高市场经济的运转效率，从而理解市场经济是怎样从小到大的。也就是说，相比较理解市场经济运行的经济治理基础而言，研究支撑中国市场化的经济治理基础对于中国经济的进一步成长，最终建立起统一规范、竞争有序的市场体系具有更为重要的意义。

一、关系型治理的局限性

虽然关系型治理可以在中国转型的初期代替法律规约市场交易，成为维系市场经济运转的制度基础，但是关系型治理并不能为市场经济的进一步成长提供有效支撑。可以说，中国经济市场化过去所取得的成就和未来发展所面临的挑战，都可以归结为关系型治理这个共同的制度根源。

关系型治理发挥作用的关键在于交易者对所预期的违约成本现值与当期违约收益的权衡，只有当现实条件能够创造出足够大的预期违约成本现值时，关系型治理才能发挥作用以保证交易得到顺利的执行。

这种治理机制所支持的市场经济具有较高的集中度和封闭性，市场交

---

① 黄玖立，李坤望. 吃喝、腐败与企业订单 [J]. 经济研究，2013（6）.

易往往被关系局限在一个个较小的范围内。因此，虽然关系型治理避免了法制建设的昂贵成本、降低了对交易相关信息的要求，但却限制了市场交易的范围、不利于经济效率的实现。此外，随着这种治理机制所支持的市场经济不断达到更高的发展水平，愈益激烈的市场竞争逐渐降低着人们对未来的重视程度、交易当事人在关系外部获得较高交易收益的机会逐渐加强、交易团体的规模也逐渐得到扩展、团体成员在认知上的差异逐渐扩大，这使关系型治理在推动市场经济发展的同时也削弱了其自身继续发挥作用的能力。

从转型实践来看，自进入 21 世纪以来，中国初步确立起了市场经济的基本框架，经济发展水平和市场化程度大大提高，这使关系型治理发挥作用的环境发生了较大的变化，从而难以继续发挥作用以推动中国市场经济的发展。首先，随着市场经济发展的是市场竞争的日益加剧，这使市场主体的进入和退出愈益频繁，在此背景下，在位者的破产和潜在竞争者的进入都使当事人难以面对一个稳定的交易团体，以保证交易在未来的持续重复进行。因此，日益激烈的市场竞争降低了人们看重未来的程度，关系型治理的作用将在这一过程中受到削弱。其次，市场经济的发展提高了人们在关系之外可获得的交易收益。在市场成长的早期，社会分工不发达，可供选择的交易对象有限，交易者在现有关系之外很难找到合适的交易伙伴以获得相仿的交易收益，于是，现有关系的破裂就对交易者构成了巨大的威胁，从而有效遏制了机会主义行为的发生；但随着市场经济的发展，社会分工日益活跃，从事市场交易的经济主体逐渐增加，人们越来越容易在现有关系之外找到新的交易伙伴并获得不错的收益，这降低了交易者的预期违约成本，逐渐破坏着关系型治理发挥作用的基础。再次，市场经济的发展必然意味着越来越多的人进入市场从事经济交易，这就扩展了交易团体的规模。然而，如果团体规模超过了一定的临界水平，就会造成团体内信息传递的困难，交易者的违约信息便难以迅速而准确地传递给所有其他成员，这降低了集体惩罚的可信性，使关系型治理的作用受到了削弱。最后，市场进出的日益频繁和团体规模的不断扩展，使团体成员在认知体系上的差异逐渐显现并扩大。这意味着团体成员对机会主义行为将产生不尽相同的理解，当某个交易者声称自己遭到欺骗时，团体的所有成员并不能形成合力对欺骗者实施惩罚，这将使关系型治理无法继续有效保证交易的顺利进行。

更重要的是，这种主要由关系型治理提供支持的市场经济并不足以保障中国经济的长期繁荣和发展。第一，在关系型治理下，资源的流动总是要受到关系的限制，当交易者面对能使其获得更高收益的交易时，并不能自由地转换交易对象以获得更高的合作剩余，这不仅使大量的交易被锁定在低效率状态，也降低了经济主体通过技术进步等方式追求更高效率的激励。第二，在中国市场经济的成长过程中，以官员为核心的社会关系网络起到了非常重要的作用，但这也不可避免地使已经建立起来的市场经济中存在着政府过度干预的现象，也缺乏对"官商勾结"、市场经济"权贵化"的有效制约，微观经济主体的市场行为受到政府的制约而妨碍了市场效率的提升，这最终会演变为市场深化的强大阻力。第三，中国经济的进一步发展需要实现国内市场的整合。中国市场经济的成长在很大程度上是通过对外开放、利用外部市场来弥补内部市场的不足实现的，这使中国市场经济的发展具有不平衡性。不同地区的市场发育状况和经济发展水平主要取决于与世界市场的融合程度：融入世界市场的程度越深，市场发育越好，经济发展水平越高。因此，在中国，东部地区要好于西部地区、沿海地区要好于内陆地区、开放地区要好于闭塞地区。虽然各地区都不同程度地融入了世界市场之中，但从全局来看，国内市场的整合程度并不高，与跨国市场交易相比，国内市场交易所受到的制约因素更多。

二、从关系型治理走向基于法律的正式治理

在转型的深化与完善阶段，关系型治理难以进一步推进中国市场经济的发展，必须使对市场交易的规约从主要依靠"关系"这种非正式制度向主要依靠程序化、规范化的正式制度转变。因此，在中国进一步市场化的过程中，一个不可回避的问题就是如何实现治理机制的转型，通过法制建

设最终建立起基于正式规则的经济治理机制。

从俄罗斯及东欧国家向市场经济转型的实践来看，虽然制度变革的核心是法律规则的改变，但由于转型初期的经济发展水平较低，而所建立起来的法律体系又很难在短时间内达到很高的质量，这会影响到社会个体对于法制的需求，因而通过加强法制建设来推进经济市场化很难在转型的初期取得成功。因此，在中国进一步市场化的过程中，富有成效的法制建设不仅是法律规则的供给，而更应当关注其能否适应社会的需求。经济治理机制优化的实质在于创造出人们对使用法律的需求，这就决定了法制建设不是一项机械的技术性工作，而是与微观经济主体对治理机制的选择密切相关的。按照威廉姆森的观点，衡量经济治理机制的选择或优化的标准是能否最大限度地降低交易成本，这需要考察三个因素：资产专用性、不确定性和交易频率。当交易不具有资产专用性时，无论交易频率和不确定性程度如何，采用法律规则和正式合约来规约更有利于降低交易成本；当交易的资产专用性程度、交易频率和不确定性都较高时，采用科层制更有利于降低交易成本；处于两者之间的交易可以采用质押、互惠、特许权和管制等混合形式来降低交易成本。[①]

虽然威廉姆森注意到了不同性质的交易应当对应于不同的治理结构，但他所关注的仍然是成熟市场经济中的治理机制选择，其理论分析暗含的假设前提是交易较为频繁，并且存在着运行良好的法律体系。正如威廉姆森自己所说，相比较一次性或偶然性的交易而言，他所主要分析的是经常性交易。[②] 但是对于正在从计划经济向市场经济转型的中国而言，在市场经济从无到有、从小到大的过程中，市场交易频率较低且法制建设不完善，因而并不符合威廉姆森理论的假定前提。对中国市场化的研究，还需要构建更加符合中国国情的分析框架。

---

① Williamson, Oliver. *The Economic Institutions of Capitalism* [M]. New York：Free Press, 1985. Williamson, Oliver. 治理的经济学分析：框架和意义//埃瑞克·菲吕博顿，鲁道夫·瑞切特. 新制度经济学 [M]. 上海：上海财经大学出版社，1998：67-100.

② Williamson, Oliver. Transaction-Cost Economics：The Governance of Contractual Relations [J]. *Journal of Law and Economics*, 1979, 22（2）：233-261.

第四节　回到斯密过程：空间性交易成本和制度性交易成本

威廉姆森认为，经济活动优化的主要目的是降低生产成本和交易成本，经济治理优化的目的就是降低交易成本。[①] 虽然交易成本对于理解市场经济的运行方式具有重要意义，但事实上对交易成本的界定却并没有形成一个被广泛接受和认可的概念。以致 Fischer（1977）批评道，交易成本这一理论工具名声不佳并非偶然，部分原因在于，有理由相信几乎所有问题都能用恰当列出的交易成本加以解释。

一、作为与生产成本相对应的交易成本

从交易成本概念的内涵来看，制度经济学家们主要强调的是制度性交易成本。交易成本概念是新制度经济学的开创者 Coase（1937）引入的，他把交易成本界定为使用价格机制的成本。[②] 与科斯的定义相类似，Demsetz（1968）把交易成本界定为交易所有权的成本。[③] Barzel（1997）把交易成本界定为与转让、获取和保护产权有关的成本。[④] 进一步地，威廉姆森将交易成本区别为合约签订之前的交易成本和合约签订之后的交易成本。前者是指草拟合约、就合约内容进行谈判以及确保合约得以履行所付出的成本。后者则包括不适应成本，即交易行为逐渐偏离了合作的方

① Williamson, Oliver. Transaction-Cost Economics: The Governance of Contractual Relations [J]. *Journal of Law and Economics*, 1979, 22 (2): 233-261. Williamson, Oliver. *The Economic Institutions of Capitalism* [M]. New York: Free Press, 1985.

② Coase, Ronald. The Nature of the Firm [J]. *Economica*, 1937 (4): 386-405.

③ Demsetz, Harold. 1968. The Cost of Transacting [J]. **Quarterly Journal of Economics**, 1968 (82): 33-53.

④ Barzel, Yoram. Economic analysis of Property Rights [C]. 2nd ed. Cambridge: Cambridge University Press, 1997: 4.

向，造成的交易双方互不适应的成本；讨价还价成本，即如果交易双方想纠正事后不合作的现象，需要讨价还价所造成的成本；建立及运转成本，即为了解决合约纠纷而建立的治理结构（往往不是法庭）并保持其运转，也需要付出成本；保证成本，即为了确保合约中各种承诺得以兑现所付出的那种成本。① 与威廉姆森的定义相类似，Dahlman（1979）认为，对交易成本的更具可操作性的界定，是将其区分为寻找成本和信息成本、谈判和决策成本、监督和实施成本。②

　　然而在严格意义上，制度性交易成本并不是与生产成本相对应的概念。市场经济之所以能够提高资源的配置效率，是因为亚当·斯密在其不朽著作《国富论》中提出了一个斯密过程（Smithian Process）。他认为，市场经济之所以能够提高资源的配置效率，是因为一国财富的增进主要取决于劳动生产力的提高，而劳动生产力的提高则缘于劳动分工，市场经济之所以能够促进一国的经济繁荣，就在于它通过市场交易将广泛的劳动分工联结为一个共同的整体，使每个成员在追求自身利益的同时带来社会财富的增益。③ 与斯密过程的逻辑一脉相承的是，Wallis 和 North（1986）把经济活动区分为交易性活动（Transaction Activities）和把投入变为产出的转化性活动（Transformation Activities）。Williamson（1985）也认为，对于节约生产成本（往往对市场有利）、节约治理成本（致力于双边贸易的深入开展，能使内部组织受益）及强激励机制（这还是把市场放在第一位）这三者之间的权衡问题，必须同时通盘考虑，而不应该有先有后。④ 虽然经济学家注意到制度性交易成本能够为斯密过程提供支撑，⑤ 但事实上斯密在《国富论》中还指出，空间性交易成本的降低对经济活动也有重要影

---

① Williamson, Oliver. *The Economic Institutions of Capitalism* [M]. New York: Free Press, 1985: 20-21.

② Dahlman, Carl. The Problem of Externality [J]. *Journal of Law and Economics*, 1979, 22 (1): 141-162.

③ 亚当·斯密. 国民财富的性质和原因的研究 [M]. 北京：商务印书馆，1983.

④ Williamson, Oliver. *The Economic Institutions of Capitalism* [M]. New York: Free Press, 1985: 390.

⑤ Dixit, Avinash. Governance Institutions and Economic Activity [J]. *American Economic Review*, 2009, 99 (1): 5-24.

响，他指出，"水运开拓了比陆运更广大的市场，所以从来各种产业的分工改良，自然而然地都开始于沿海沿河一带。这种改良往往经过许久以后才慢慢普及内地。……假若在这两都市间，除陆运以外，没有其他交通方法，那么除了那些重量不大而价格很高的货物以外，便没有什么商品能由一地运至另一地了。这样，两地间的商业，就只有现今的一小部分，而这两地相互间对产业发展提供的刺激，也只有现今的一小部分。"① 可见，由制度性交易成本和空间性交易成本共同构成的交易成本，才是与生产成本相对应的概念。

二、空间性交易成本与经济治理机制的优化选择

空间性交易成本的降低会提高交易频率，从而影响经济治理机制的作用范围。Dixit（2004，2009）建立了一个模型来说明关系型治理会随着贸易伙伴之间距离的增加而恶化。② 如图 3-1 所示，在左边的圆中，对位于 O 点位置的交易者而言，可能与其进行交易的潜在交易者都位于圆环上，但这些潜在交易者与 O 点交易者的距离并不相同。一方面，距离的增加会提高 O 点交易者的当期收益；另一方面，距离的增加又会降低潜在交易者与 O 点交易者的交易频率，这又会降低 O 点交易者在未来与其进行贸易的可能性，从而降低 O 点交易者在当期交易中选择欺骗的未来预期成本。因此，总的结果是来自欺骗的收益会随着交易者与当前交易伙伴之间距离的增加而增加。假定在左图中，O 点交易者与 P 点交易者进行交易时，在诚实和欺骗两个选择之间是无差异的。右图中的圆更大一些，有 $OP_1 = OP_2 = OP$，当 O 点交易者遇到 P_1 点交易者时选择欺骗，虽然 P_1 点交易者会将 O 点交易者欺骗的信息传递给其周围的潜在交易者，但 P_2 点交易者会得到这个信息的概率变得小于 1 了，而在左图中这个概率是 1，这增加了 O 点交易者欺

---

① 亚当·斯密. 国民财富的性质和原因的研究 [M]. 北京：商务印书馆，1983：17-18.

② Dixit, Avinash. *Lawlessness and Economics: Alternative Modes of Governance* [M]. Princeton, NJ and Oxford, UK: Princeton University Press, 2004. Dixit, Avinash. Governance Institutions and Economic Activity [J]. *American Economic Review*, 2009, 99 (1): 5-24.

骗 P_1 点交易者的可能性。同样的逻辑，O 点交易者欺骗 P_1 点左侧交易者的可能性也在增加。可见，空间距离的增加会使关系型治理迅速恶化。

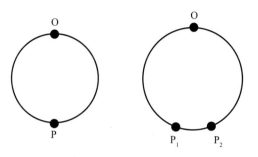

图 3-1　空间性交易成本对关系型治理的影响

资料来源：Dixit, Avinash. Governance Institutions and Economic Activity ［J］. American Economic Review, 2009, 99（1）: 5-24.

一般来说，交通运输、邮电通信、能源供给等基础设施的改善都会降低空间性交易成本，从而提高交易频率。有大量的研究发现基础设施网络的扩展会扩大市场规模、降低企业成本、实现规模经济。[①]　而在已有研究中，杨小凯和张永生根据影响因素和机制的不同将其区分为两类：一类是外生交易费用，是指在交易过程中直接或间接发生的费用，它不是由决策者的利益冲突引起的，决策者在做决策之前都能看到它的大小，例如，运输费用，用于生产运输、通信或交易设施的耗费等。另一类是内生交易费用，是指因个体自利决策之间交互作用所引起的耗费，这也是交易成本理

　　① World Bank. *World Development Report* 1994: *Infrastructure for Development* ［M］. World Bank, 1994. Agenor, Pierre-Richard and Moreno-Dodson, Blanca. Public Infrastructure and Growth: New Channels and Policy Implications ［R］. *World Bank Policy Research Working Paper* 2006: 4064. Hulten, Charles and Bennathan, Esra and Srinivasan, Srinivasan. Infrastructure, Externalities, and Economic Development: A Study of the Indian Manufacturing Industry ［J］. *World Bank Economic Review*, 2006, 20（2）: 291-308. Jacoby, Hanan and Minten, Bart. On Measuring the Benefits of Lower Transport Costs ［J］. *Journal of Development Economics*, 2009, 89（1）: 28-38. Faber, Benjamin. Trade Integration, Market Size and Industrialization: Evidence from China's National Trunk Highway System ［J］. *Review of Economic Studies*, 2014, 81（3）: 1046-1070.

论研究的重点。① 类似地，林毅夫也将影响因素区分为高速公路、港口、机场、电信系统、电力设施和其他公共设施等硬性（有形的）基础设置和制度、规制、社会资本、价值观体系及其他社会和经济安排等软性（无形的）基础设置两类。② 而事实上，菲吕博顿（1998）和瑞切特（Rudolf Richter）在综合已有研究的基础上对交易成本的概念做了总结。他们认为，除了一般所认为的与制度或组织的使用有关的成本之外，还应当包括与制度或组织的建立或变迁有关的成本。③ 这类交易成本在主流经济理论的讨论中基本上被忽视了，主要与保护产权和提供公共产品有关。而按照亚当·斯密在《国富论》中对"主权责任"的经典分类，主要包括有关国防、法律制度"公共工程和公共机构"方面的开支及政府运转所需的费用。④

值得注意的是，在我国基础设施表现出较为明显的拥挤性特征。也就是说，虽然基础设施服务为社会成员所共享，但在消费上具有一定的竞争性，当市场交易规模达到拥挤点后，交易规模的增加会减少每个消费者可以从中获得的效用。这意味着空间性交易成本的情况将如图 3-2 所示，在市场交易规模达到 N 点之前，基础设施能够满足消费者的使用需要，不会为消费者的使用带来额外的成本。但在市场交易规模超过 N 点之后，基础设施的使用开始出现拥挤，随着消费者人数的增加，使用基础设施为消费者带来的空间性交易成本也会随之上升。空间性交易成本的这种特性意味着，在中国市场经济从小变大的过程中，有可能会遇到交通运输、邮电通信、能源供给等基础设施供给不足的制约。这种制约会限制市场的规模，影响市场交易的频率，从而影响经济治理机制的转型。

---

① 杨小凯，张永生．新兴古典经济学与超边际分析（修订版）［M］．北京：社会科学文献出版社，2003：90-91.

② 林毅夫．新结构经济学——重构发展经济学的框架［M］．经济学（季刊），2010，10（1）.

③ Furubotn, Eirik and Richter, Rudolf. 新制度经济学：一个评价［M］．上海：上海财经大学出版社，1998：1-38.

④ 亚当·斯密．国民财富的性质和原因的研究［M］．北京：商务印书馆，1983.

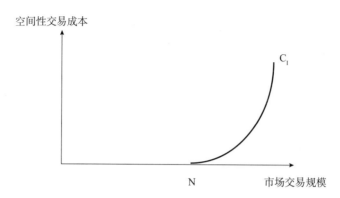

图3-2 空间性交易成本的拥挤性特征

三、交易成本与中国经济治理的优化

结合前面的分析,在中国经济市场化的初期,市场规模有限,基于法律的正式治理的运行成本很高,而关系型治理的运行成本很低,因而在中国市场经济从无到有的过程中,关系型治理作为最重要的制度支撑发挥了无可替代的作用。但随着市场规模的扩大,在市场经济从小到大的过程中,关系型治理的运行成本逐渐上升,基于法律的正式治理的运行成本逐渐下降,因而经济治理机制需要从关系型治理向基于法律的正式治理转型,从而降低市场经济的运行成本。这说明,转型过程中的制度构建是市场经济发展阶段的函数。在中国经济市场化的不同阶段,市场经济的有效运转都需要与之相对应的制度支撑发挥作用。中国经济市场化过去所取得的成就和未来发展所面临的挑战,都可以归结为关系型治理这个共同的制度根源。

但是交易成本既包括制度性交易成本,也包括空间性交易成本(见图3-3)。当基础设施能够支撑相应的市场规模没有产生拥挤性时,空间性交易成本为0,经济治理机制的转型主要表现为从关系型治理向基于法律的正式治理转型,从而降低制度性交易成本。但当基础设施建设滞后于市场规模的扩张从而基础设施的使用产生拥挤性时,空间性交易成本不再为0，基础设施就会因成为市场规模进一步扩大的制约而影响市场交易的频率，进而影响经济治理机制的转型。此时经济治理机制的优化既需要降低空间性交易成本，也需要降低制度性交易成本。

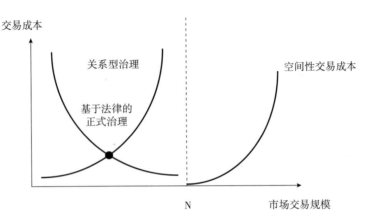

图3-3　交易成本中国经济治理的优化

第五节　本章小结

20世纪末期，中国和俄罗斯及东欧国家都踏上了从计划经济向市场经济的转型之路。对于这场转型，无论是世界银行（World Bank）还是国际货币基金组织（IMF）都遵循主流的转型理论，强调法制建设应当成为理解经济市场化的出发点和落脚点。然而从转型的实际情况来看，在世界银行和国际货币基金组织指导下进行转型的俄罗斯及东欧国家非常注重法律规则的改造，结果不但没能塑造一个健康的市场经济，反而给这些国家带来了新的灾难，有学者称其"只有休克，没有治疗"。[①] 中国至今仍然没有形成运行良好的法律体系，但市场经济却迅速从无到有、从小到大，成就

---

① 科勒德克. 从休克到治疗——后社会主义转轨的政治经济 [M]. 上海：上海远东出版社，2000：123，129.

了中国"奇迹"般的快速经济增长。于是，如何理解中国和俄罗斯及东欧国家经济市场化的悖论，就成为经济学家们所普遍关注的一个问题。

经济治理理论的研究表明，有效运行的市场经济需要对交易的执行进行治理，通过一定的治理机制来遏制交易者的机会主义行为。换句话说，市场经济只有获得了足够的治理机制的支持才可能取得成功。从这个意义上来说，要探究中国经济市场化的本质经验，就必须理解中国在其经济市场化的过程中是怎样实现对交易执行的治理的，转型又是怎样为相应的治理机制创造出了发挥作用的条件。而通过中国和俄罗斯及东欧国家的比较，也有助于我们排除掉那些仅仅在中国成立而被俄罗斯及东欧实践所推翻的悖谬。

本章通过考察特定的转型策略对于支撑市场经济的治理机制的影响，为中国经济市场化的成功提供一个微观层面的理解。研究表明，在经济发展水平较低的情况下，社会个体缺乏对法律的需求，关系型治理可以作为一种替代的治理机制来规约市场交易，保证市场交易的经常性进行。中国经济市场化的本质经验就在于：在经济市场化的启动阶段，以农村为突破口的转型为关系型治理创造出了发挥作用的条件，农村市场在关系型治理下的日益活跃又为城市经济市场化的成功提供了重要保证；而在经济市场化的进一步推进阶段，社会关系的开发利用和逐渐推进的对外开放又大大扩展了关系型治理的作用空间，支撑了市场经济从农村到城市、从国内到国际的扩散。因此，导致中国和俄罗斯及东欧国家经济转型绩效差异的关键在于其转型策略而不是初始条件。

与成熟市场经济国家不同的是，中国的市场经济尚处于发育之中，还未完全定型。因此，对中国经济治理的研究，不仅要从静态上分析究竟是什么样的经济治理机制支撑了市场经济的运转，从而理解市场经济是怎样从无到有的；更要从动态上分析怎样才能降低市场经济的运行成本，提高市场经济的运转效率，从而理解市场经济是怎样从小到大的。也就是说，相比较理解市场经济运行的经济治理基础而言，研究支撑中国市场化的经济治理基础对于中国经济的进一步成长，最终建立起统一规范、竞争有序的市场体系具有更为重要的意义。本章研究还表明，在转型的深化与完善阶段，关系型治理难以进一步推进中国市场经济的发展，必须使对市场交易的规约从主要依靠"关系"这种非正式制度向主要依靠程序化、规范化的正式制度转变。因此，在理论逻辑上，关系型治理是理解中国经济市场化的出发点，而法制建设是理解中国经济市场化的落脚点。

俄罗斯及东欧国家向市场经济转型的经验教训表明，富有成效的法制建设不仅是法律规则的供给，也要关注其能否适应社会的需求。经济治理机制优化的实质在于创造出人们对适用法律的需求，这就决定了法制建设不是一项机械的技术性工作，而是与微观经济主体对治理机制的选择密切相关的。在这方面，虽然威廉姆森（1979，1985）注意到经济治理优化的目的就是降低交易成本，不同性质的交易应当对应于不同的治理结构，但他所关注的仍然是成熟市场经济中的治理机制选择，其理论分析暗含的假设前提是交易较为频繁，并且存在运行良好的法律体系。对于正在从计划经济向市场经济转型的中国而言，在市场经济的从无到有、从小到大的过程中，市场交易频率较低且法制建设不完善，因而并不符合威廉姆森理论的假定前提。对中国市场化的研究，还需要构建更加符合中国国情的分析框架。

基于斯密在《国富论》中的相关表述，我们认为，交易成本作为与生产成本相对应的概念，既包括制度性交易成本也包括空间性交易成本。空间性交易成本的产生源于基础设施的拥挤性特征。按照威廉姆森的观点，经济治理机制的选择或者优化主要取决于资产专用性、不确定性和交易频率。而空间性交易成本会影响市场交易频率，进而影响经济治理机制的选择或优化。因此，当基础设施能够支撑相应的市场规模从而没有产生拥挤性时，空间性交易成本为 0，经济治理机制的转型主要表现为从关系型治理向基于法律的正式治理转型，从而降低制度性交易成本。但当基础设施建设滞后于市场规模的扩张从而基础设施的使用产生拥挤性时，空间性交易成本不再为 0，基础设施就会因成为市场规模进一步扩大的制约而影响市场交易的频率，进而影响经济治理机制的转型。此时经济治理机制的优化既需要降低空间性交易成本，也需要降低制度性交易成本。

第四章

中国经济治理水平测度

　　建立和完善社会主义市场经济，就是要发挥市场在资源配置中的决定性作用，同时更好地发挥政府作用来降低市场运行的成本，营造良好的营商环境，形成统一开放、竞争有序的市场经济，为市场发挥作用创造条件。按照威廉姆森（1998）的观点，决定治理机制的选择或者优化的关键，是能否最大限度地降低交易成本。[①] 中国正处在从基于非正式制度的关系型治理向基于正式制度的规则型治理的转型过程中，能否从定量的角度测度市场经济运行的成本，从而分析和评估中国经济治理的质量和水平，对于形成系统完备、科学规范、运行有效的治理体系，进而推进国家治理体系和治理能力现代化，都具有重要的意义。

　　对交易成本的测度是一项颇具挑战性的工作。Wallis 和 North（1986）认为，之前之所以很少有人试图对交易成本进行量化分析，这主要有三个原因：一是缺乏对交易成本重要构成要素的一致性看法。二是很多理论工作关注的是比较静态分析，只是说明不同情况下交易成本的高低对比或只解释不同组织形式下交易成本的高低，类似的比较方法没能对测度交易成本提供有价值的启示。三是缺乏一个清晰的在理论上具有一般性的交易成本概念。在第三章的研究中已经表明，从制度性交易成本和空间性交易成本两项构成内容来综合考察交易成本，更有利于理解中国市场经济的运行成本。本章尝试在前人研究的基础上，构造出一套长时段的总体无遗漏的面板数据，来定量评估中国经济治理的质量和水平。

---

　　① Williamson, Oliver. *The Economic Institutions of Capitalism* ［M］. New York：Free Press, 1985. Williamson, Oliver. 治理的经济学分析：框架和意义//埃瑞克·菲吕博顿，鲁道夫·瑞切特. 新制度经济学［M］. 上海：上海财经大学出版社，1998：67-100.

第一节　测度方法

一、早期研究

在有关测度交易成本的文献中，一部分研究主要测度制度性交易成本。由于证券市场上有更加完整的交易数据信息，德姆塞茨最先提出了一个对证券市场上交易成本直接测度的方法。他认为，证券市场上的交易成本就是证券买卖的成本，主要包括经纪费（Brokerage Fees）和买卖差价（Ask-bid Spreads）。[①] 对直接测算法的改善来自两个方面：一方面是对交易成本的进一步细化，使之能够涵盖整个交易过程。Collins 和 Fabozzi（1991）进一步将证券市场的交易成本细分为固定成本（Fixed Component）和可变成本（Virable Component）。固定成本包括佣金（Commissions）、交易税（Taxes）和交易费（Transfer Fees）。可变成本要比固定成本大得多，主要包括执行成本（Execution Costs）和机会成本（Opportunity Costs）。执行成本包括价格冲击和交易时机的选择成本。机会成本则是预期收益减去实际收益，再减去执行成本和固定成本的差额。[②] 另一方面是根据美国证券交易所（American Stock Exchange，AMEX）和纽约证券交易所（New York Stock Exchange，NYSE）的实际情况进行调整。Lesmond、Ogden 和 Trzcinka（1999）发现，第一，美国证券交易所和纽约证券交易所的成交价往往是买方报价和卖方报价的中间价；第二，佣金可能包括与特定交易无关的研究分析费用。这两个因素都使采用佣金加上买卖差价的办法估算

① Demsetz, Harold. The Cost of Transacting [J]. *Quarterly Journal of Economics*, 1968, 82（1）: 33-53.

② Collins, Bruce and Fabozzi, Frank. A Methodology for Measuring Transaction Costs [J]. *Financial Analysis Journal*, 1991, 47（2）: 27-44.

可能会导致高估交易成本。而同时按照 Merton（1987）[1] 的研究，交易者用来进行决策的信息价值也是交易成本，却并没有计入其中。Lesmond、Ogden 和 Trzcinka（1999）认为，更好地度量方法是，采用 Tobin（1958）[2] 和 Rossetti（1956）[3] 提出的 LDV（Limited Dependent Variable）模型估计预期收益为零时的边际交易者的交易成本，也就是"边际交易者的有效交易成本"（Marginal Trader's Effective Transaction Costs）。[4]

Clague、Keefer、Knack 和 Olson（1999）等认为，如果一个社会能够建立安全的产权和可靠的契约执行机制，人们几乎没有理由在大宗交易中使用现金，也不会保留大量的现金资产。他们更希望交易被正式记录，防止出现纠纷，也可以省去携带大量现金的不便和因此可能引发的危险。据此，他们提出用契约密集型货币（Contract Intensive Money）作为代理变量，来度量制度的质量。计算公式为（M2-C）/M2，其中，M2 表示广义货币供给量，C 表示银行外公众持有的现金。这一指标的重要性建立在以下三个命题的基础上：（1）CIM 的值可以用来度量依赖第三方实施的交易比率大小，一个国家的 CIM 越高，依赖第三方实施的产业——比如那些涉及保险和资本市场的产业——创造的 GDP 就越高；（2）CIM 越高，一个国家从规模经济和专业化中获得的收益就越多，进而资本存量、生产率及人均收入就越高；（3）CIM 越高，企业筹集资本的能力就越高，投资率就越高，经济增长率就越高（在其他条件相同的情况下，赶超增长的机会就越多）。[5]

---

① Merton, Robert. A Simple Model of Capital Market Equilibrium with Incomplete Information Exchange [J]. *Journal of Finance*, 1987, 42（3）：483-510.

② Tobin, James. Estimation of Relationships for Limited Dependent Variables [J]. *Econometrica*, 1958, 26（1）：24-36.

③ Rossetti, Richard. A Statistical Model of Friction in Economics [J]. *Econometrica*, 1959, 27（2）：263-267.

④ Lesmond, David and Ogden, Joseph and Trzcinka, Charles. A New Estimate of Transaction Costs [J]. *Review of Financial Studies*, 1999, 12（5）：1113-1141.

⑤ Clague, Christopher and Keefer, Philip and Knack, Stephen and Olson, Mancur. Contract-intensive Money: Contract Enforcement, Property Rights, and Economic Performance [J]. *Journal of Economic Growth*, 1999, 4（2）：185-211.

　　还有一部分研究不再单纯考虑制度性交易成本，而是结合了空间性成本，从而从总体上来度量总的交易成本。Wallis 和 North（1986）所进行的开创性研究，采用国民经济的分类核算方法，从总体上测度了美国经济从1870～1970 年的交易成本水平。[①]为了使交易成本在测度上具有可操作性，他们把经济活动区分为交易性活动（Transaction Activities）和把投入变为产出的转化性活动（Transformation Activities）。相应地，与交易性活动相关、执行交易职能的成本就是交易成本；与转化性活动有关、执行转化职能的成本就是转化成本。这样就可以把国民经济部门划分为私人交易部门、私人转化部门、公共交易部门、公共转化部门。经济的总体交易成本水平就等于，私人交易部门的交易成本即该部门所利用的资源总价值，加上公共交易部门的交易成本即政府提供交易性服务的总开支，加上私人转化部门和公共转化部门的交易成本即所雇佣的交易性员工的劳动费用。这种方法被广泛地用来测度美国、日本、德国、法国、澳大利亚、阿根廷、新西兰、印度、波兰等国家的交易成本规模及其变化情况。

　　值得一提的是，在界定具体测度范围时，Wallis 和 North（1986）认为，不能按照定义去测度交易成本的因素，由于转化部门中也存在提供交易服务或商品的行业，因而只能测量有关交易服务的部分。按照这样的标准，私人交易部门中的运输成本不是交易成本，它只是物资的运动而不是在交易主体之间协调、转移所有权花费的成本。但在公共交易部门中，由于政府提供的运输服务对于决定经济中的交易水平非常重要，因而运输成本这里被算入交易成本之中。Wallis 和 North（1986）的这种处理方法，有点类似于马克思主义政治经济学中对生产性流通费用和纯粹流通费用的划分。在马克思主义政治经济学中，生产性流通费用主要是指用于运输、仓储、保管、包装等方面的费用。纯粹流通费用是纯粹为商品流通而支出的费用，主要包括广告费、通信、文具、簿记、商业职工工资等。按照Wallis 和 North（1986）观点，纯粹流通费用可以计入私人交易部门的交易

---

① Wallis, John and North, Douglass. Measuring the Transaction Sector in the American Economy 1870-1970. In Engerman, Stanley and Gallman, Robert. eds. *Long-Term Factors in American Economic Growth* [M]. Chicago: University of Chicago Press, 1986: 95-161.

成本，生产性流通费用则应计入公共交易部门的交易成本。

艾根·祖齐（Christian Eigen-Zucchi）设计了一套指数来度量交易成本。他认为交易成本除了狭义上的直接交易成本之外，还包括协调成本等其他能够影响交易效率的因素。据此，他构造了包括三大类十二个因素在内的指标体系，来度量一个国家的交易成本。具体有：①直接交易成本（Direct Transaction Costs），包括通货膨胀率、过去五年通货膨胀率的标准差、利率差、贸易限制四个指标；②制度因素（Institutions），包括腐败控制、产权、合约执行和法律规则四个指标；③沟通交流（Communications），包括当地电话成本、长途电话成本、航运成本、文盲情况四个指标。①

亚历山德拉·贝纳姆（Alexandra Benham）和李·贝纳姆（Lee Benham）用"交换成本"（the Cost of Exchange）度量交易成本。他们把"交换成本"定义为，在某种制度环境中，当事人采用给定的交换方式获取某一商品而消耗的总资源的机会成本。这些资源包括货币、时间和商品等。在此基础上，他们通过比较不同国家安装一部商业电话、转让资产所有权和进口大型挖掘机所需要的曲轴所花费的交换成本，比较不同国家交易成本的大小。② 类似地，De Soto（1989）比较了不同国家获得开办新企业许可证的交换成本。③ Djankov、La Porta、Lopez-de-Silanes 和 Shleifer（2002）比较了85个国家创办新企业的成本。④

二、世界银行的"营商指数"

世界银行（World Bank）于2002年启动的"营商环境项目"（Doing

---

① 张雪艳. 交易成本理论、测量与应用研究［M］. 北京：中国社会科学出版社，2016：77-83.

② 亚历山德拉·贝纳姆，李·贝纳姆. 交换成本的测量//克劳德·梅纳尔. 制度、契约与组织——从新制度经济学角度的透视［M］. 刘刚等译. 北京：经济科学出版社，2003：426-438.

③ De Soto, Hernando. *The Other Path: The Invisible Revolution in the Third World*［M］. New York: Harper & Row, 1989.

④ Djankov, Simon and La Porta, Rafael and Lopez-de-Silanes, Florencio and Shleifer, Andrei. 2002. The Regulation of Entry［J］. *Quarterly Journal of Economics*, 2002, 117（1）：1-37.

Businesses）是目前世界上最为重要的各国营商环境调查项目。在莫迪（Narendra Modi）竞选印度总理、普京（Vladimir Putin）竞选俄罗斯总统时，都把改善本国在营商环境报告中的排名列为明确的政治目标，许多国家也热衷于通过提升自己的排名来吸引投资者。

自 2003 年起，世界银行每年发布《营商环境报告》，到 2019 年已经发布 16 期，侧重对企业的营商环境的质量和便利性进行量化评估。目前已经形成了覆盖企业整个生命周期的 11 个方面的指标体系，具体包括开办企业（Starting a Business）、办理建筑许可证（Dealing with Construction Permits）、获得电力（Getting Electricity）、登记财产（Registering Property）、获得信贷（Getting Credit）、保护少数投资者（Protecting Minority Investors）、纳税（Paying Taxes）、跨境贸易（Trading Across Borders）、执行合同（Enforcing Contracts）、办理破产（Resolving Insolvency）和劳动力市场监管（Labor Market Regulation），对世界上 190 个经济体以及所选地方城市的营商法规及其执行情况进行比较（如图 4-1 所示）。[①]

虽然世界银行的"营商指数"使用广泛，支撑了一系列高质量的研究成果，但是也有学者指出"营商指数"存在一些缺陷，对此世界银行并不否认。概括而言，对"营商指数"的批评主要集中在以下三个方面：

第一，《营商环境报告》没有涵盖与企业发展和成长有关的所有领域，没有评估市场规模、金融市场的稳健性和深度、宏观经济状况、外国投资、安全或政治稳定性等情况。[②]

第二，仅仅依据《营商环境报告》的数据不足以评价一个经济体的整体竞争力或外国投资前景。[③]营商环境指标衡量的只是正式流程，可能没有精确地反映营商环境的实际情况。例如，对开办企业的时间所调查的是法律规定的时间，而不是通常发生的具体时间。[④] 世界银行除了开展营商环境调查外，还进行微观层面的"企业调查"（Enterprise Surveys）。Hallward-

---

① 网址为 http://www.doingbusiness.org/。

②③ World Bank. *Doing Business* 2019: *Training for Reform* ［M］. Washington D. C. World Bank, 2019: 2.

④ Timothy Besley. Law, Regulation, and the Business Climate: The Nature and Influence of the World Bank Doing Business Project ［J］. *Journal of Economic Perspectives*, 2015, 29（3）: 99-120.

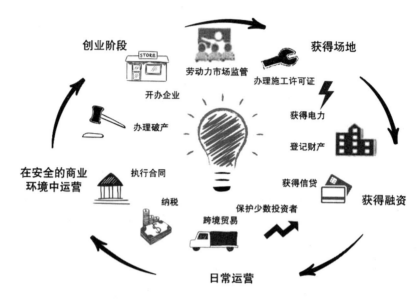

图 4-1 世界银行"营商环境"指标体系

资料来源：World Bank. Doing Business 2019: Training for Reform［M］. Washington D. C. World Bank，2019：2.

Driemeier 和 Pritchett（2015）对比了两个调查的相关数据，发现"企业调查"（Enterprise Surveys）报告的实际上的关于法律程序和监管程序所需的合法时间要远远少于"营商环境"报告的法定时间。就单一的"营商环境"报告数据和对应的"企业调查"数据而言，各国之间的相关性几乎为0。而对于那些既参与了"营商环境调查"也参与了"企业调查"的国家而言，"营商环境"报告的数据的时间变化与"企业调查"所报告的实际时间变化两者之间并没有显著的相关性。如果有的话，"营商环境"报告的时间减少对应的也是"企业调查"报告实际时间的增加。①

第三，营商环境指标体系存在"放松管制偏见"（Deregulation Bias），也就是较低的监管水平可以获得更高的分数和排名。例如，在2015 年《营商环境报告》中，人均收入低于 1000 美元且贫困人口超过

---

① Hallward-Driemeier, Mary and Pritchett Lant. How Business is Done in the Developing World: Deals versus Rules［J］. *Journal of Economic Perspectives*，2015，29（3）：121-140.

40%的卢旺达排名超过了意大利，列第 47 位，这个结果是否与实际情况相符非常值得进一步讨论。另外，《营商环境报告》调查的是政府效率，政府效率高可能意味着较低的监管水平，但并不一定就意味着监管的质量高。类似于企业财务披露措施、有效的破产程序、信用信息共享这样的营商环境指标，更多的是与建立有效的制度有关，而不是与较低的监管水平有关。[①]

此外，对中国而言，世界银行《营商环境报告》提供的历年数据主要来自对上海和北京两个城市的调查，其中，包括 2004～2019 年的上海数据，以及 2014～2019 年的北京数据。只有 2008 年发布了对北京、长春、长沙、成都、重庆、福州、广州、贵阳、海口、杭州、哈尔滨、合肥、呼和浩特、济南、昆明、兰州、南昌、南京、南宁、上海、沈阳、石家庄、太原、天津、乌鲁木齐、武汉、西安、西宁、银川、郑州共 30 个城市营商环境的调查情况。而上海和北京的营商情况能否代表中国的整体情况，中国的营商环境是否存在地区差异以及地区差异随时间的变化情况，这些问题都非常值得进一步研究分析。

三、测度"贸易成本"的启示

就量化分析的角度而言，能够构造出一套长时段的总体无遗漏的面板数据，最有利于分析和评估中国经济治理的质量和水平。总的来看，尽管经济学家在度量交易成本方面已经取得了较大的进展，但仍不能满足分析和评估中国经济治理的质量和水平的研究需要，这既表现为在测度方法上过于依赖微观数据的可获得性，难以形成连续的时间序列数据，也表现为数据收集主要依赖于事前的设定和分类，可能会出现选择性偏差，还表现为得到的主要是可观测数据，可能会因忽视不可观测的因素而出现遗漏变量的问题。因此，需要寻找新的测度方法来刻画中国经济治理的质量和水平。

[①] Timothy Besley. Law, Regulation, and the Business Climate: The Nature and Influence of the World Bank Doing Business Project [J]. *Journal of Economic Perspectives*, 2015, 29 (3): 99-120.

如果从与生产成本相对立的意义上来理解交易成本，近二三十年来在对国际贸易的研究中发展起来的有关"贸易成本"的测度方法极具启发性。在国际经济学研究领域，贸易成本被 Obstfeld 和 Rogoff（2001）看作是打开所有其他开放宏观经济学之谜的关键。[①] 已经成为新贸易理论、新经济地理学中的基础概念之一，是有关国际贸易和分工的经验研究中无法回避的一个问题。[②] 按照 Anderson 和 van Wincoop（2004）的经典定义，贸易成本是指除生产商品的边际成本之外使商品到达最终消费者手中的所有成本，包括运输成本、政策壁垒、信息成本、合约执行成本、汇兑成本、法律法规成本以及当地分销成本。[③] 按照这个定义，在与生产成本相对立的意义上来说，贸易成本所反映的就是交易成本。

按照上一章对交易成本的讨论，这个生产成本之外的额外费用，既包括制度性贸易成本，或可以说是菲吕博顿（Eirik Furubotn）和瑞切特（Rudolf Richter）所定义的与制度或组织的使用有关的成本[④]，或者说是杨小凯和张永生所定义的内生交易费用[⑤]，或是林毅夫所定义的软性（无形的）基础设置[⑥]；也包括空间性交易成本，或可以说是菲吕博顿（1998）和瑞切特所定义的与保护产权和提供公共产品有关的成本[⑦]，或是杨小凯和张永生所定义的外生交易费用[⑧]，或是林毅夫所定义的硬性（有形的）

① Obstfeld, Maurice and Rogoff, Kenneth. The Six Major Puzzles in International Macroeconomics：Is a Common Cause? // Bernanke, Ben and Rogoff, Kenneth. Eds. *NBER Macroeconomics Annual* 2000 [M]. Cambridge, MA：MIT Press, 2001：339-390.

② Krugman, Paul. Increasing Returns and Economic Geography [J]. *Journal of Political Economy*, 1991, 99（3）：483-499. Fujita, Masahisa and Krugman, Paul and Venables, Anthony. *The Spatial Economy：Cities, Regions, and International Trade* [M]. Cambridge, MA：MIT Press, 1999. Melitz, Marc. The Impact of Trade on Intra-Industry Reallocations and Aggregate Industry Productivity [J]. *Econometrics*, 2003, 71（6）：1695-1725.

③ Anderson, James and van Wincoop, Eric. Trade Costs [J]. *Journal of Economic Literature*, 2004, 42（3）：691-751.

④⑦ 埃瑞克·G. 菲吕博顿. 新制度经济学 [M]. 孙经炜译. 上海：上海财经大学出版社, 1998：1-38.

⑤⑧ 杨小凯, 张永生. 新兴古典经济学与超边际分析（修订版）[M]. 北京：社会科学文献出版社, 2003：90-91.

⑥ 林毅夫. 新结构经济学——重构发展经济学的框架 [J]. 经济学（季刊）, 2010, 10（1）.

基础设置①。

对贸易成本的估算存在直接和间接两种办法。直接估算是把事前已知的贸易成本或者基础设施的基本构成直接用来作为贸易成本或者基础设施的代理变量。比如，可以选用不同地域之间的地理距离、运输成本等指标来作为贸易成本的代理变量。很显然，这种做法比较难以避免出现遗漏变量的问题。而对于合同执行成本、信息成本等一些指标，也存在着难以直接度量的问题。间接法是在已知理论的基础上，通过对与之有关的可观测变量的计算来估算贸易成本。从理论上来说，贸易成本可以看作是消费者的消费价格和产品出厂价格之间的差额。② 如果能够利用可观测的变量来计算出这个价格差额，就可以解决一些指标难以直接测度的问题，也为解决遗漏变量提供了新的思路。

采用间接法来估算贸易成本，一种常用的方法是基于 Samuelson（1954）③ 提出的"冰川"（Iceberg）成本模型，用同种商品在不同地区的相对价格来度量贸易成本。④ 但是相关研究所采用的价格指数值没有涵盖所有可贸易商品，更没有涉及服务贸易。另一种常用的方法是遵循 Anderson 和 Wincoop（2003）⑤ 的思路，采用引力模型来度量"边界效应"，通过估算

---

① 林毅夫. 新结构经济学——重构发展经济学的框架 [J]. 经济学（季刊），2010，10（1）.

② Anderson, James. A Theoretical Foundation for the Gravity Equation [J]. *American Economic Review*, 1979, 69 (1)：106-116. Anderson, James and van Wincoop, Eric. Gravity with Gravitas：A Solution to the Border Puzzle [J]. *American Economic Review*, 2003, 93 (1)：170-192. Novy, Dennis. Gravity Redux：Measuring International Trade Costs with Panel Data [J]. *Economic Inquiry*, 2013, 51 (1)：101-121.

③ Samuelson, Paul. The Transfer Problem and Transport Costs, Ⅱ：Analysis of Effects of Trade Impediments [J]：*Economic Journal*, 1954, 64 (254)：264-289.

④ 桂琦寒，陈敏，陆铭等. 中国国内商品市场趋于分割还是整合：基于相对价格法的分析 [J]. 世界经济，2006（2）. 陆铭等. 分割市场的经济增长——为什么经济开放可能加剧地方保护？[J]. 经济研究，2009（3）.

⑤ Anderson, James and van Wincoop, Eric. Gravity with Gravitas：a Solution to the Border Puzzle [J]. *American Economic Review*, 2003, 93 (1)：170-192.

边界对贸易的阻碍作用来测度贸易成本。[①] 但是这种办法所得到的仅仅是不同年份时点上的截面数据，无法形成地区间贸易成本的面板数据。

在最新的研究中，Novy（2013）[②] 通过对 Anderson 和 Wincoop（2003）方法的改进，提出了一个更加简洁有效的度量双边贸易成本的方法。Anderson 和 van Wincoop（2003）在一般均衡框架内为国际贸易理论中的引力模型构建了微观经济基础，认为两国间的双边贸易流量是经济规模和相对贸易成本的函数。他们的研究发现，在控制了经济规模之后，双边贸易不仅取决于双边贸易成本，还取决于多边贸易阻力，即一个地区与其他所有地区贸易的多边阻力越大，双边贸易的规模就越大。[③] 但是他们的研究依然存在的缺陷是：第一，认为生产和消费是外生的，没有考虑贸易成本变化对一国生产和消费的影响；第二，在定量分析中，多边阻力依然具有不可观测性，用价格指数来代替多边阻力并不理想。

Novy（2013）在 Anderson 和 Wincoop（2003）模型的基础上，提出了一个新的度量双边贸易成本的方法，是目前测度贸易成本最成功的方法。其模型的公式如下：

$$\tau_{jk} = \left[(x_{jj} x_{kk}) / (x_{jk} x_{kj}) \right]^{1/2(\rho-1)} - 1 \qquad (4-1)$$

在式（4-1）中，τ_{jk} 是 j 国到 k 国的双边贸易成本，x_{jj} 和 x_{kk} 分别表示 j 国和 k 国的国内贸易量，x_{jk} 表示 j 国向 k 国的出口量，x_{kj} 表示 k 国向 j 国的出口量，$\rho(\rho > 1)$ 为商品的替代弹性。

Novy（2013）模型具有以下四个优点：一是模型不设定任何特殊的贸易成本方程，而是包含了一系列综合的贸易成本，解决了以往的模型遗漏变量的问题；二是模型中的贸易流量是一个时间变量，既可以利用截面数据进行计算，同时也可以用于时间序列和面板数据的分析，解决了

① Poncet, Sandra. Measuring Chinese Domestic and International Integration. *China Economic Review*, 2003, 14 (1): 1-21. 行伟波，李善同. 本地偏好、边界效应与市场一体化——基于中国地区间增值税流动数据的实证研究 [J]. 经济学（季刊），2009, 8 (4). 赵永亮. 国内贸易的壁垒因素与边界效应——自然分割和政策壁垒 [J]. 南方经济，2012 (3).

② Novy, Dennis. Gravity Redux: Measuring International Trade Costs with Panel Data [J]. *Economic Inquiry*, 2013, 51 (1): 101-121.

③ Anderson, James and van Wincoop, Eric. Gravity with Gravitas: A Solution to the Border Puzzle [J]. *American Economic Review*, 2003, 93 (1): 170-192.

Anderson 和 Wincoop（2003）模型仅能进行截面数据的回归与分析的问题；三是引力模型主要基于两国的贸易流量，数据容易获取，极大地简化了计算；四是模型有着坚实的理论基础，不仅能够从 Anderson 和 Wincoop（2003）模型出发推导得到，也可以从李嘉图模型①与异质性企业模型②出发推导得到。

考虑到已有的与中国经济治理评估有关的研究，如世界银行的营商环境项目（Doing Business）下对中国营商环境的调查及中国经济改革研究会国民经济研究所和中国企业家调查系统所进行的对中国企业经营环境的调查，都是基于主观选定的若干指标进行测度，从而无法避免遗漏变量的问题，也没有形成连续的时间序列数据，不利于后续的进一步深入研究。因此，下文将借鉴 Novy（2013）模型，通过估算省际贸易流量测算中国省际贸易成本，从而得到长时段的总体无遗漏的度量中国经济治理质量和水平的时间序列。

第二节　计算过程和测度结果

一、计算过程和数据说明

Novy（2013）③ 模型所计算的是两地区间的贸易成本。按照 Novy（2013）模型，可以直接对中国不同地区两两之间的贸易成本进行估算，

---

①　Eaton, Jonathan and Kortum, Samuel. Technology, Geography and Trade ［J］. *Econometrica*, 2002, 70（5）：1741-1779.

②　Chaney, Tomas. Distorted Gravity：The Intensive and Extensive Margins of International Trade ［J］. *American Economic Review*, 2008, 98（4）：1707-1721. Melitz, Mark and Ottaviano, Giancarlo. Market Size, Trade, and Productivity ［J］. *Review of Economic Studies*, 2008, 75（1）：295-316.

③　Novy, Dennis. 2013. Gravity Redux：Measuring International Trade Costs with Panel Data ［J］. *Economic Inquiry*, 2013, 51（1）：101-121.

进而分析任何两个地区间的贸易成本变化态势，但是却不方便分析中国地区间贸易成本的总体情况及其影响因素。为了从总体上评估中国省际层面经济治理的整体情况，我们参照 Poncet（2003）[1]、刘生龙、胡鞍钢（2011）[2]、许统生、洪勇、涂远芬等（2013）[3]、潘文卿、李跟强（2017）[4]等已有研究的通行做法，在利用 Novy（2013）模型的方法估算 i 省的省际贸易成本[5]时，把 i 省以外的国内其他各省看作一个整体来计算，这种处理实际上也是 i 省与其他各省两两之间贸易成本的一个综合反映。这样得到估算省际贸易成本的基本公式是：

$$\tau_{iD_{-i}} = \left(\frac{x_{iD_{-i}} \, x_{D_{-i}i}}{x_{ii} \, x_{D_{-i}D_{-i}}} \right)^{\frac{1}{2(\rho-1)}} - 1 \qquad (4-2)$$

$\tau_{iD_{-i}}$ 表示 i 省际贸易成本，x_{ii} 表示 i 省省内贸易，$x_{D_{-i}D_{-i}}$ 表示 i 省以外国内其他各省加总的省内贸易，$x_{iD_{-i}}$ 表示 i 省对国内其他各省的出口，$x_{D_{-i}i}$ 表示国内其他各省对 i 省的出口，ρ 表示替代弹性。

以上变量的估算都涉及中国地区间贸易往来的数据。正像已有研究所指出的那样，由于缺乏对区际往来数据的系统性收集整理，对中国地区间贸易往来数据的估算一直是相关研究的一个难点。[6] 为了得到具有较长时间跨度的省际贸易流量面板数据，我们借鉴于洋（2013）[7] 的做法，按照编制地区投入产出表的通行方法，利用 Leontief 和 Strout（1963）[8] 提出的

① Poncet, Sandra. Measuring Chinese Domestic and International Integration [J]. *China Economic Review*, 2003, 14（1）: 1–21.

② 刘生龙, 胡鞍钢. 交通基础设施与中国区域经济一体化 [J]. 经济研究, 2011（3）.

③ 许统生, 洪勇, 涂远芬等. 加入世贸组织后中国省际贸易成本测度、效应及决定因素 [J]. 经济评论, 2013（3）.

④ 潘文卿, 李跟强. 中国区域间贸易成本：测度与分解 [J]. 数量经济技术经济研究, 2017（2）.

⑤ 为简单起见，这里将省、自治区、直辖市之间的贸易统称为省际贸易，其各自内部的贸易简称为省内贸易。

⑥ 刘生龙, 胡鞍钢. 交通基础设施与中国区域经济一体化 [J]. 经济研究, 2011（3）. 徐现祥, 李郇. 中国省际贸易模式：基于铁路货运的研究 [J]. 世界经济, 2012（9）. 潘文卿, 李跟强. 中国区域间贸易成本：测度与分解 [J]. 数量经济技术经济研究, 2017（2）.

⑦ 于洋. 中国省际贸易流量再估算与区间分解 [J]. 中国经济问题, 2013（5）.

⑧ Leonitief, Wassily and Strout, Alan. 1963. Multiregional Input–Output Analysis. In: Barna, Tibor. eds. *Structural Interdependence and Economic Development* [M]. Macmillan, 1963: 119–149.

地区间引力模型，来重新估算地区间产品和服务的贸易流量，基本公式是：

$$t^{ij} = \frac{s^i d^j}{\sum_i s^i} Q^{ij} \qquad (4-3)$$

其中，t^{ij} 表示产品和服务从 i 省到 j 省的流出量，s^i 表示 i 省产品和服务的总供给量，d^j 表示 j 省产品和服务的总需求量，$\sum_i s^i$ 表示全部省份的总供给量。Q^{ij} 表示产品和服务从 i 省到 j 省的贸易参数或称为摩擦系数。按照井原健雄（1996）的处理方法，用运输量分布系数来进行估算：

$$Q^{ij} = \frac{H^{ij}}{\dfrac{H^{io} H^{oj}}{H^{oo}}} \qquad (4-4)$$

其中，H^{ij} 表示 i 省到 j 省的货物运输量，H^{io} 表示 i 省的总的发送量，H^{oj} 表示 j 省的总的到达量，H^{oo} 表示全部省份的总发送量（等于总到达量）。

上面公式中所涉及的相关数据及处理情况如下：

1. 每个省份产品和服务的总供给 s^i、总需求 d^i

我们令全部省份的总供给＝全部省份的总需求＝GDP-净出口。这样对 i 省来说，总供给 $s^i = GDP_i$-净出口 i，总需求 $d^i = GDP_i$-净出口 $i-$（省内调出 $i-$ 省外调进 i）$= GDP_i$-净流出 i。

各省 GDP 资料来源于《中国统计年鉴》中的地区支出法生产总值。各省净流出资料来源于《中国统计年鉴》中的各省货物和服务净流出数据。

对于各省净出口数据，我们参考于洋（2013）[①] 和刘卫东等（2012）[②] 的做法，在《中国统计年鉴》提供的 1998~2014 年以目的地货源地划分的进出口数据基础上，把货物进口、出口均转换为按离岸价格计算，并进一步估算出货物和服务的进出口总量，作为支出法货物和服务的进口、出口数据，其中：

---

① 于洋. 中国省际贸易流量再估算与区间分解 [J]. 中国经济问题，2013（5）.

② 刘卫东、陈杰、唐志鹏等. 中国 2007 年 30 省区市区域间投入产出表编制理论与实践 [M]. 北京：中国统计出版社，2012.

i 省支出法货物和服务进口额

$$= i \text{ 省目的地货源地进口额} \times \frac{\text{收支表全国货物和服务进口额}}{\text{目的地货源地全国进口额}}$$

i 省支出法货物和服务出口额

$$= i \text{ 省目的地货源地出口额} \times \frac{\text{收支表全国货物和服务出口额}}{\text{目的地货源地全国出口额}}$$

这里所用到的进出口数据按照当年人民币兑美元的汇率折算为人民币，所用的各年汇率均取自相应年份的《中国统计年鉴》。

2. 摩擦系数 Q^{ij}

一般来说，货物运输方式主要包括铁路、公路、水运、航空和管道。但是目前我们能够收集到的唯一公开可得的省际间贸易数据，是《中国交通年鉴》中公布的国家铁路行政区域间货物交流数据，该数据反映了铁路货物在全国各省之间的流向和流量，具有时间跨度长的特点。我们把从《中国统计年鉴》中获得的各省铁路货物运输量与合计的货运量的比值视作放大系数，把对应年份对应省份的铁路行政区域间货物交流数据放大，就得到了省际货物交流数据的估算值，据此估算出全国 29 个省份 1998~2014 年的产品和服务流动的摩擦系数。需要说明的是，受到数据限制，这里不包括海南、西藏、港澳台地区。海南是 1988 年设省，铁路运输量一直较少；西藏最近几年才开始有铁路运输量。《中国交通年鉴》自 1998 年起才报告重庆与全国其他省份之间的货物流数据，这里的研究从 1998 年起算。

3. 其他参数

i 省省内贸易 x_{ii}，即 i 省对本省流出量。i 省对国内其他各省的调出 x_{iD-i}，即 i 省总流出减去 i 省省内贸易量。i 省从国内其他各省的调入 x_{D-ii}，即 i 省总流入减去 i 省省内贸易量。i 省以外国内其他各省加总的省内贸易 x_{D-i}，即其他各省（不含 i 省）的总 GDP 减去其他各省（不含 i 省）对国外的出口，再减去 i 省的省外调入。

在 ρ 的取值上，Anderson 和 Wincoop（2004）[1] 认为，应介于 5~10。Novy（2013）[2] 在测度美国双边贸易成本时，将 ρ 值设定为 8。为了更好地考察替代弹性对贸易成本的影响，我们进一步计算 $\rho=5$、$\rho=8$、$\rho=10$ 时的情况。

二、市场经济运行的总交易成本

在与生产成本相对立的意义上，贸易成本所反映的就是包括制度性交易成本和空间性交易成本在内的总交易成本，也就是市场经济的运行成本。在图 4-2 中反映了 1998~2014 年省际贸易成本的变化情况。可以看出，不同的替代弹性对贸易成本的绝对值影响确实很大，但并没有改变各个省贸易成本的变化趋势。[3] 在 29 个省份中：贸易成本呈下降趋势的有 21 个，分别是北京、重庆、甘肃、广西、贵州、河北、河南、黑龙江、吉林、江苏、辽宁、内蒙古、宁夏、青海、四川、山东、上海、陕西、山西、新疆、云南。贸易成本的下降意味着市场经济运行的总成本在下降，反映出经济治理水平在上升。贸易成本呈上升趋势的有 8 个，分别是安徽、福建、广东、湖北、湖南、江西、天津、浙江。贸易成本的上升意味着市场经济运行的总成本在上升，反映出经济治理水平在下降。总体而言，1998~2014 年中国各省份市场经济运行的总成本呈现出下降的趋势，经济治理水平都在提高。

从我国的区域政策来看，进入 21 世纪以来，国家统计局把我国的经济区域划分为东北地区[4]、东部地区[5]、中部地区[6]和西部地区[7]四大区域。

---

① Anderson, James and van Wincoop, Eric. Trade Costs [J]. *Journal of Economic Literature*, 2004, 42 (3): 691-751.

② Novy, Dennis. Gravity Redux: Measuring International Trade Costs with Panel Data [J]. *Economic Inquiry*, 2013, 51 (1): 101-121.

③ 在之后的研究中，默认取 ρ=8 的情况。

④ 包括辽宁、吉林和黑龙江。

⑤ 包括北京、天津、河北、上海、江苏、浙江、福建、山东、广东。

⑥ 包括山西、安徽、江西、河南、湖北、湖南。

⑦ 包括内蒙古、广西、重庆、四川、贵州、云南、陕西、甘肃、青海、宁夏、新疆。

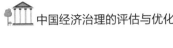

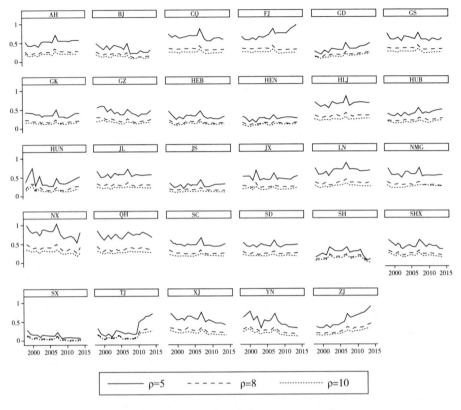

图4-2　中国省际贸易成本（1998~2014年）

图4-3反映了我国的分地区贸易成本情况，可以看出：1998~2014年东北地区、东部地区、中部地区和西部地区的贸易成本都表现出一定程度的向全国平均水平收敛的趋势。其中，东北地区和西部地区的贸易成本高于全国平均水平，但表现出下降的趋势；东部地区和中部地区的贸易成本低于全国平均水平，但表现上升的趋势。总的来看，全国平均贸易成本呈现下降的趋势。这些情况说明，中国东部地区和中部地区的经济治理水平要高于西部地区和东北地区，但各地区经济治理水平的差异呈现出收敛的趋势。

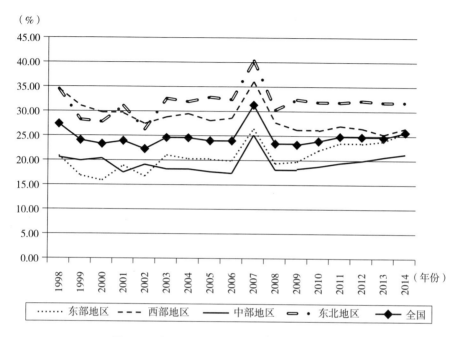

图 4-3　中国分地区贸易成本（1998~2014 年）

三、市场经济运行的制度性交易成本

为了更细致地分析中国经济治理的质量和水平，我们按照下面的方式进一步从市场经济运行的总成本中分离出制度性交易成本。

$$\ln(cost_{it}) = \alpha_0 + \alpha_1\ln(infra_{it}) + \alpha_2\ln(dist_{it}) + \mu_i + \varepsilon_{it} \qquad (4\text{-}5)$$

$$\ln(ins\,cost_{it}) = \ln(cost_{it}) - Estimated\big[\ln(cost_{it})\big] \qquad (4\text{-}6)$$

在式（4-5）、式（4-6）中，i 和 t 分别表示省份和时间。模型的被解释变量 $cost$ 为省际贸易成本。$infra$ 表示各省份的基础设施建设水平，$dist$ 表示贸易空间距离，用根据经纬度计算每个省省会城市和其他各省的省会之间地球球面距离来度量。μ_i 是非观测效应（Unobserved Effect），ε_{it} 是特异性误差（Idiosyncratic Error）。$Estimated\big[\ln(cost)\big]$ 是基于式（4-2）得到的 $\ln(cost)$ 的拟合值。

式（4-5）和式（4-6）所依据的理论基础在于，贸易成本主要由空间性交易成本和制度性交易成本两部分构成，而空间性交易成本的大小主要取决于基础设施建设水平和地理距离，因此，在式（4-5）的回归结果中析出残差后所得到的剩余部分，也就是总的交易成本中去除空间性交易成本后的部分，就是制度性交易成本。

对于基础设施水平的估算，也存在着直接和间接两种办法。直接估算是把事前已知的基础设施的基本构成直接用来作为基础设施的代理变量。比如，可以选用道路密度（千米/千平方千米）、人均道路拥有量（千米/万人）、人均煤炭产量（吨/千人）、人均电力产量（千瓦时/人）、人均电话机数（台/千人）等指标来作为基础设施水平的代理变量。很显然，这种做法也难以避免出现遗漏变量的问题。

在用间接法估算基础设施水平方面，虽然有研究用当年电力、煤气等行业的固定资产投资来代表（王自锋等，2014）[①]，但是考虑到由于基础设施建设具有周期长的特点，当年的投资并不一定能够带来当年基础设施水平的提升，据此，为了对基础设施水平做更为全面的估算，我们在这里参考 Young（2000）[②] 和张军等（2004）[③] 的方法，用永续盘存法计算各省的基础设施存量：

$$K_{ijt} = K_{ijt-1}(1 - \delta) + I_{ijt} \tag{4-7}$$

其中，K_{ij} 表示 i 省 j 行业在第 t 年的资本存量，其初始值用各省份1998年分行业的固定资本形成除以 10% 来确定。I_{ij} 表示 i 省份 j 行业的当年投资，我们用当年固定资产投资总额来代表。其中，2004～2014 年数据主要出自《中国统计年鉴》中按行业划分的固定资产投资数据。1998～2003 年数据参考张学良（2012）的做法，使用基本建设投资与更新改造投

① 王自锋，孙浦阳，张伯伟等. 基础设施规模与利用效率对技术进步的影响：基于中国区域的实证分析 [J]. 南开经济研究，2014（2）.

② Young, Alwyn. The Razor's Edge: Distributions and Incremental Reform in the People's Republic China [J]. *Quarterly Journal Economics*，2000，115（4）：1091-1135.

③ 张军，吴桂英，张吉鹏. 中国省际物质资本存量估算：1952～2000 [J]. 经济研究，2004（10）.

资的加总量。对于投资品价格指数，我们借鉴范巧（2012）[①] 的做法，选择 GDP 平减指数代替，并以 1998 年为基期对数据做了统一调整，这样处理能够确保与当年新增资本存量序列保持统计口径的一致性。δ 表示折旧率，参照张军等（2004）[②]，取值为 9.6%。

在估算中，能源基础设施用电力、煤气及水的生产和供应业的固定资产投资来表示，交通运输和邮电通信基础设施用交通运输仓储和邮电通信业以及信息传输、计算机服务和软件业的固定资产投资来表示。我们用各省的人均基础设施存量来度量其基础设施水平（infra），在计算各省人均基础设施水平时，人数采用 1998~2014 年《中国统计年鉴》各地区年末常住人口（万人）。

从图 4-4 来看，在全国层面上，以及东北地区、中部地区和西部地区，基础设施水平都呈上升趋势，但东部地区的基础设施水平却表现出明显的下降趋势。这与我国长期以来经济活动尤其是人口不断向东部地区集聚的基本观察相符。[③] 总的来看，东部地区的基础设施水平最高，中部地区的基础设施水平最低。除东部地区之外，中部地区、西部地区和东北地区的基础设施水平都低于全国平均水平。但西部地区的基础设施水平上升幅度最大，从 2012 年开始超过全国平均水平，2014 年已经超过了东部地区。

比较图 4-3 和图 4-4，虽然东部地区的基础设施建设水平最高，但前面已经提及东部地区的贸易成本却呈现逐年上升的趋势，其贸易成本却不是最低的，这意味着基础设施建设水平的提高并不必然带来贸易成本的下降，对中国经济治理质量和水平的评估，需要综合考察空间性交易成本和制度性交易成本及其背后的决定因素。

---

① 范巧. 永续盘存法细节设定与中国资本存量估算：1952~2009 [J]. 云南财经大学学报，2012（3）.

② 张军，吴桂英，张吉鹏. 中国省际物质资本存量估算：1952~2000 [J]. 经济研究，2004（4）.

③ 陆铭，陈钊. 在集聚中走向平衡：城乡和区域协调发展的"第三条道路" [J]. 世界经济，2008（8）. 杨东亮，任浩锋. 中国人口集聚对区域经济发展的影响研究 [J]. 人口学刊，2018（3）.

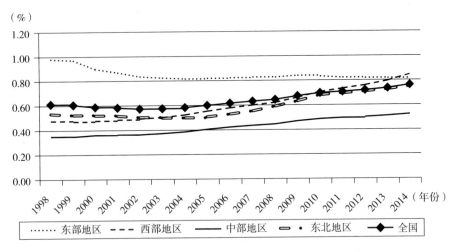

图 4-4　中国分地区基础设施建设水平（1998~2014 年）

在图 4-5 中，我们可以直观地看到 2000~2014 年省际制度性交易成本（ $ins\ cost_{it}$ ）的变化情况。① 在 29 个省份中：制度性交易成本呈下降趋势的有 19 个，分别是辽宁、吉林、黑龙江、内蒙古、重庆、四川、贵州、云南、陕西、甘肃、宁夏、新疆、北京、河北、上海、江苏、山东、山西、河南。制度性交易成本呈上升趋势的有 10 个，分别是广西、青海、天津、浙江、福建、广东、安徽、江西、湖北、湖南。

图 4-6 反映了中国制度性交易成本的分地区情况。不难发现：第一，1998~2014 年全国的制度性交易成本在波动中有所下降，东部地区、西部地区、中部地区和东北地区的制度性交易成本都表现出向全国平均水平的收敛趋势。第二，总的来看，西部地区的制度性交易成本高于全国平均水平，中部地区和东部地区的制度性交易成本低于全国平均水平，东北地区的制度性交易成本与全国平均水平呈缠绕趋势。第三，东北地区、西部地区的制度性交易成本呈下降趋势，中部地区、东部地区的制度性交易成本呈上升趋势，其中，东部地区制度性交易成本上升最为明显，到 2013 年、2014 年已经超过全国平均水平。

---

　　① $\rho=5$ 和 $\rho=10$ 的图表与 $\rho=8$ 相差不大。在之后的研究中，默认取 $\rho=8$ 的情况。

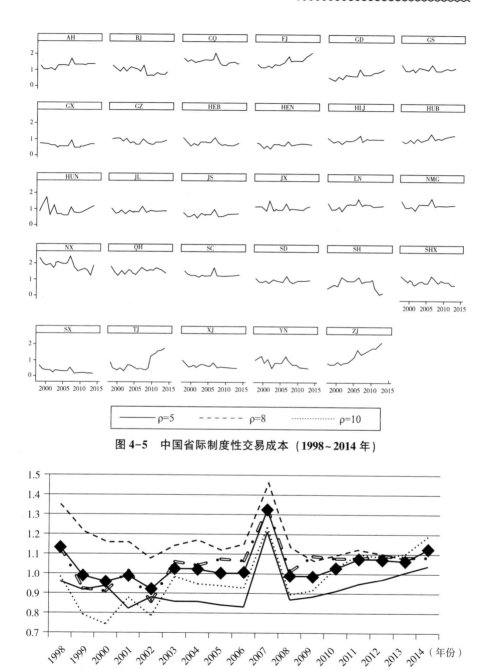

图 4-5 中国省际制度性交易成本（1998~2014 年）

图 4-6 1998~2014 年中国分地区制度性交易成本（剔除基础设施影响）

进一步考察中国各省总交易成本和制度性交易成本的变动情况（见表4-1），可以发现：第一，东北地区三省的总交易成本和制度性交易成本呈下降的趋势。第二，西部地区大部分省份的总交易成本和制度性交易成本也呈下降态势，只有广西和青海两省制度性交易成本都呈上升趋势。第三，基础设施水平最高的东部地区，北京、上海、江苏、山东、河北的总交易成本和制度性交易成本都呈下降趋势，然而属于经济发达省份的天津、浙江、福建、广东的总交易成本和制度性交易成本都呈上升趋势。第四，基础设施水平最低的中部地区，只有山西、河南的总交易成本和制度性交易

表4-1　中国各地区交易成本变动趋势汇总

省份	总交易成本	制度性交易成本	省份	总交易成本	制度性交易成本
东北地区			东部地区		
辽宁	－	－	北京	－	－
吉林	－	－	天津	＋	＋
黑龙江	－	－	河北	－	－
西部地区			上海	－	－
内蒙古	－	－	江苏	－	－
广西	－	＋	浙江	＋	＋
重庆	－	－	福建	＋	＋
四川	－	－	山东	－	－
贵州	－	－	广东	＋	＋
云南	－	－	中部地区		
陕西	－	－	山西	－	－
甘肃	－	－	安徽	＋	＋
青海	－	＋	江西	＋	＋
宁夏	－	－	河南	－	－
新疆	－	－	湖北	＋	＋
			湖南	＋	＋

成本呈下降趋势，安徽、江西、湖北、湖南的总交易成本和制度性交易成本都呈上升趋势。以上情况说明，相比较空间性交易成本而言，制度性交易成本对中国经济治理水平的影响更为复杂。相比较经济欠发达的东北地区和西部地区而言，东部地区和中部地区的经济治理状况也更为复杂。

第三节 进一步讨论

通过计算地区间贸易成本来衡量中国市场经济的运行成本，从而反映经济治理的质量和水平是我们的一个尝试。与已有的测度交易成本的方法相比，此种方法的最大好处在于，可以避免出现遗漏变量的情况，并形成一套长时段的总体无遗漏的面板数据，这为之后运用计量经济学分析工具对中国经济治理水平的影响因素作进一步的研究创造了便利条件。

一、与类似研究结果的比较

从已有文献来看，目前对中国地区间贸易成本的测度并不多见。许多研究都指出，制约相关研究的一个重要原因是有关地区间贸易往来数据的缺失。① 对此，我们利用编制地区间投入产出表的通行方法对相关数据进行了估算，不仅得到了中国省际货物和服务贸易量的时序数据，而且还采用 Novy（2013）② 基于改进的引力模型所提出来的更为简洁有效的办法，构造了中国 29 个省份 1998~2014 年省际贸易成本的面板数据，这是目前

---

① 刘生龙，胡鞍钢．交通基础设施与中国区域经济一体化［J］．经济研究，2011（3）．徐现祥，李郇．中国省际贸易模式：基于铁路货运的研究［J］．世界经济，2012（9）．潘文卿，李跟强．中国区域间贸易成本：测度与分解［J］．数量经济技术经济研究，2017（2）．

② Novy, Dennis. Gravity Redux：Measuring International Trade Costs with Panel Data［J］. *Economic Inquiry*，2013，51（1）：101-121.

得到的最大样本容量的地区间贸易成本数据。

从数据的空间维度来看，许统生等（2013）[①] 也使用 Novy（2013）的方法，基于《中国地区投入产出表》估算了 2002 年和 2007 年的省际贸易成本。[②] 图4-7 和图4-8 反映了许统生与本书测算结果的对比情况，从各省间贸易成本的相对变动情况来看，两种测算结果较为相似。从数据的时间维度来看，刘建等（2013）[③] 采用相对价格法研究发现 2008 年以后各省的贸易成本呈现一定程度上的上升，本书的测算也可以得出同样的结果（见图4-2）。

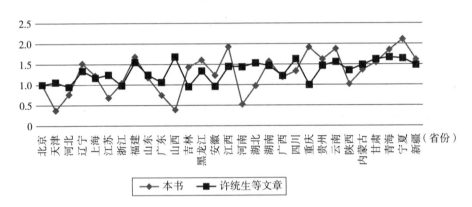

图4-7　2002 年中国省际贸易成本测算结果比较

注：各省份数据均以北京贸易成本为基准进行指数化处理。

①　许统生，洪勇，涂远芬等. 加入世贸组织后中国省际贸易成本测度、效应及决定因素 [J]. 经济评论，2013（3）.

②　在数据处理的细节方面本文与许统生等文章仍有差异。在计算各省份净流出数据时，本书的数据取自《中国统计年鉴》，许统生的数据则取自《中国地区投入产出表》，两组数据差距较大。对此，于洋（2013）认为，造成差异的原因是地区投入产出表在编制的过程中对支出法计算的国内生产总值的部分项目数据进行了适当调整所致，但经过比较，两组数据在趋势上是一样的。就目前而言，采用《中国统计年鉴》上的数据，是获得长时段的连续数据的唯一方法。于洋. 中国省际贸易流量再估算与区间分解 [J]. 中国经济问题，2013（5）.

③　刘建，许统生，涂远芬. 交通基础设施、地方保护与中国国内贸易成本 [J]. 财经，2013（9）.

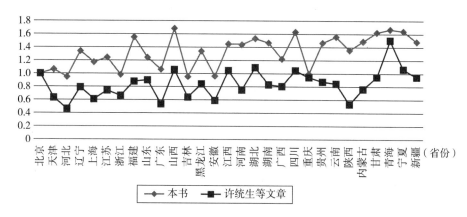

图4-8　2007年中国省际贸易成本测算结果比较

注：各省份数据均以北京贸易成本为基准进行指数化处理。

二、与世界银行"营商指数"的比较

在世界银行（World Bank）公布的营商指数（Doing Business）中，2004年开始用上海的数据来表示中国的总体营商情况，从2010年开始才公布基于各分指标计算汇总形成的中国总体营商指数。2014年开始公布北京的数据，以及基于北京和上海数据计算汇总形成的中国营商环境总体指标。因此，世界银行公布的中国营商环境总指数只有2010~2014年数据可以与本书的测度数据进行比较。表4-2反映的是本书测度上海贸易成本和世界银行公布的上海营商指数，本书的测度结果表明上海贸易成本在2010~2014年表现出改善趋势（下降趋势），世界银行公布的上海营商指数也表明在2010~2014年表现出与改善趋势（上升趋势），变动趋势基本一致。

表4-2　上海贸易成本与营商指数比较

类别　　　　　　年份	2010	2011	2012	2013	2014
贸易成本（%）	16.32	17.63	8.32	2.40	4.68
营商指数	54.89	56.84	57.19	58.4	59.25

表 4-3 汇总了中国 1998~2014 年各年度省际贸易成本从小到大的排名情况。不难发现，上海和北京的排名在考察期内一直处于中国的前列，这意味着世界银行用上海和北京的营商情况来代表中国，这可能会高估中国的营商质量。世界银行 2008 年公布的中国 30 个城市营商环境的调查情况也表明，上海和北京的营商环境处于中国的前列（见表 4-4），排名情况与本书的研究也比较接近。

表 4-3　中国各省份交易成本排名汇总

排名 ＼ 年份	1998	1999	2000	2001	2002	2003	2004	2005
1	上海	上海	天津	山西	天津	山西	山西	山西
2	广东	山西	山西	上海	山西	河南	天津	天津
3	山西	天津	广东	天津	河南	天津	江苏	湖南
4	河南	广东	河南	河南	江苏	江苏	河南	河南
5	江苏	江苏	江苏	湖南	广东	湖南	上海	江苏
6	天津	河南	上海	广东	河北	上海	湖南	上海
7	湖南	河北	河北	江苏	湖北	云南	广东	广东
8	湖北	湖北	湖北	河北	北京	广西	湖北	广西
9	浙江	浙江	北京	湖北	陕西	广东	广西	河北
10	广西	北京	浙江	广西	浙江	河北	河北	湖北
11	河北	安徽	山东	浙江	山东	江西	浙江	贵州
12	北京	广西	广西	江西	广西	浙江	北京	北京
13	江西	山东	安徽	北京	上海	湖北	贵州	陕西
14	安徽	吉林	陕西	山东	安徽	陕西	江西	江西
15	山东	陕西	四川	贵州	四川	贵州	陕西	山东
16	贵州	四川	吉林	安徽	内蒙古	北京	山东	浙江
17	陕西	江西	江西	陕西	吉林	四川	四川	四川
18	四川	辽宁	内蒙古	四川	辽宁	山东	安徽	云南
19	云南	福建	辽宁	云南	甘肃	安徽	吉林	安徽

续表

排名＼年份	1998	1999	2000	2001	2002	2003	2004	2005
20	吉林	内蒙古	甘肃	内蒙古	湖南	吉林	云南	内蒙古
21	福建	湖南	福建	新疆	黑龙江	内蒙古	内蒙古	吉林
22	黑龙江	贵州	新疆	吉林	新疆	福建	甘肃	新疆
23	重庆	黑龙江	黑龙江	黑龙江	贵州	新疆	福建	甘肃
24	辽宁	甘肃	贵州	辽宁	福建	重庆	新疆	青海
25	内蒙古	新疆	青海	甘肃	青海	辽宁	黑龙江	黑龙江
26	甘肃	重庆	重庆	重庆	云南	甘肃	青海	辽宁
27	新疆	青海	湖南	福建	重庆	黑龙江	辽宁	福建
28	青海	云南	云南	青海	江西	青海	重庆	重庆
29	宁夏	宁夏	宁夏	宁夏	宁夏	宁夏	宁夏	宁夏

排名＼年份	2006	2007	2008	2009	2010	2011	2012	2013	2014
1	山西	天津	山西	山西	山西	山西	山西	上海	山西
2	天津	山西	天津	天津	北京	河北	上海	山西	上海
3	河南	河南	河南	北京	江苏	江苏	北京	北京	河南
4	湖南	上海	湖南	江苏	河北	北京	河北	河北	北京
5	江苏	江苏	江苏	河南	河南	河南	河南	河南	江苏
6	广东	湖南	广东	河北	上海	上海	江苏	江苏	云南
7	上海	河北	上海	上海	广西	广西	云南	云南	河北
8	北京	广东	北京	湖南	贵州	云南	广西	陕西	陕西
9	河北	北京	河北	广西	湖南	湖南	贵州	贵州	广西
10	广西	广西	广西	广东	广东	广东	广东	广西	新疆
11	贵州	贵州	贵州	贵州	湖北	贵州	湖南	新疆	山东
12	湖北	湖北	湖北	山东	四川	江西	陕西	广东	贵州
13	陕西	山东	陕西	陕西	云南	陕西	江西	山东	广东
14	江西	陕西	江西	湖北	江西	湖北	四川	四川	四川

续表

排名＼年份	2006	2007	2008	2009	2010	2011	2012	2013	2014
15	山东	江西	山东	云南	山东	四川	湖北	湖北	湖北
16	浙江	四川	浙江	江西	陕西	山东	新疆	湖南	湖南
17	四川	浙江	四川	四川	新疆	新疆	山东	江西	江西
18	安徽	安徽	安徽	内蒙古	内蒙古	内蒙古	内蒙古	宁夏	内蒙古
19	云南	内蒙古	云南	新疆	天津	吉林	吉林	内蒙古	吉林
20	吉林	云南	吉林	甘肃	吉林	天津	甘肃	甘肃	安徽
21	内蒙古	吉林	内蒙古	吉林	甘肃	安徽	安徽	吉林	重庆
22	新疆	新疆	新疆	重庆	安徽	甘肃	重庆	安徽	甘肃
23	甘肃	甘肃	甘肃	安徽	重庆	重庆	天津	重庆	青海
24	黑龙江	青海	黑龙江	宁夏	辽宁	辽宁	辽宁	辽宁	辽宁
25	重庆	黑龙江	重庆	浙江	黑龙江	黑龙江	宁夏	天津	黑龙江
26	辽宁	辽宁	辽宁	黑龙江	宁夏	宁夏	黑龙江	黑龙江	天津
27	青海	重庆	青海	辽宁	浙江	浙江	浙江	青海	宁夏
28	福建	福建	福建	青海	福建	福建	青海	浙江	浙江
29	宁夏	宁夏	宁夏	福建	青海	青海	福建	福建	福建

表4-4　2008年在世界银行营商环境中上海和北京的排名

类别＼城市	上海	北京
开办企业（Starting a Business）	5	6
登记财产（Registering Property）	1	12
获得信贷（Getting Credit）	4	7
执行合同（Enforcing Contracts）	4	9

第四节　本章小结

能否最大限度地降低交易成本，是决定经济治理机制选择或优化的关键。中国正处在从基于非正式制度的关系型治理向基于正式制度的规则型治理转型的过程中，从定量的角度测度市场经济的运行成本，对于准确、科学地评估中国的经济治理状况，推进国家治理体系和治理能力现代化，从而形成系统完备、科学规范、运行有效的治理体系，为建立和完善统一规范、竞争有序的市场体系营造良好的营商环境，具有重要的意义。

本章通过测度中国的交易成本来反映市场经济的运行成本，评估中国的经济治理状况。从已有研究来看，对交易成本的测度是一项颇具挑战性的工作，一方面，表现在对交易成本的概念和构成缺乏一个清晰的认识；另一方面，表现为在实际测度中要么因过于依赖微观数据而难以形成时间序列，要么因依赖可观测数据而容易出现遗漏变量的问题。

基于第三章的研究，我们在与生产成本相对立的意义上来理解交易成本，并将其分成空间性交易成本和制度性交易成本两部分。而在与生产成本相对立的意义上，贸易成本所反映的就是包括空间性交易成本和制度性交易成本在内的总交易成本，也就是市场经济的运行成本。由此，我们借鉴 Novy（2013）模型测度贸易成本的方法，构造出长时段的总体无遗漏的中国省际贸易成本面板数据，来反映市场经济的运行成本。这应该是目前得到的最大样本容量的地区间贸易成本数据，为后文运用计量经济学分析工具对中国经济治理水平的影响因素作进一步的研究创造了便利条件。

我们对贸易成本的测度结果表明：

第一，1998~2014 年中国的平均贸易成本呈现下降的趋势。

第二，从地区情况来看，东北地区和西部地区的贸易成本要高于全国平均水平，尽管东部地区和中部地区的贸易成本要低于全国平均成本，但各地区都表现向全国平均成本收敛的趋势。

第三，从各省的情况来看，在 29 个省份中，贸易成本呈下降趋势的省份有 21 个，分别是北京、重庆、甘肃、广西、贵州、河北、河南、黑龙江、吉林、江苏、辽宁、内蒙古、宁夏、青海、四川、山东、上海、陕西、山西、新疆、云南。贸易成本呈上升趋势的省份有 8 个，分别是安徽、福建、广东、湖北、湖南、江西、天津、浙江。

我们还进一步从市场经济运行的总成本中分离出制度性交易成本，结果表明：

第一，1998~2014 年全国的制度性交易成本在波动中有所下降，东部地区、西部地区、中部地区和东北地区的制度性交易成本都表现向全国平均水平收敛的趋势。

第二，总的来看，西部地区的制度性交易成本高于全国平均水平，中部地区和东部地区的制度性交易成本低于全国平均水平，东北地区的制度性交易成本与全国平均水平呈缠绕趋势。

第三，东北地区、西部地区的制度性交易成本呈下降趋势，中部地区、东部地区的制度性交易成本呈上升趋势，其中东部地区制度性交易成本上升最为明显，到 2013 年、2014 年已经超过全国平均水平。

第四，从各省份的情况来看，在 29 个省份中，制度性交易成本呈下降趋势的省份有 19 个，分别是辽宁、吉林、黑龙江、内蒙古、重庆、四川、贵州、云南、陕西、甘肃、宁夏、新疆、北京、河北、上海、江苏、山东、山西、河南。制度性交易成本呈上升趋势的省份有 10 个，分别是广西、青海、天津、浙江、福建、广东、安徽、江西、湖北、湖南。

以上情况说明，相比较空间性交易成本而言，制度性交易成本对中国经济治理水平的影响更为复杂。相比较经济欠发达的东北地区和西部地区而言，东部地区和中部地区的经济治理状况也更为复杂。

第五章

基础设施、空间性交易成本与经济治理的优化

　　基础设施建设可以通过改善公共品的供给质量来降低空间性交易成本，从而提高经济治理水平①，为形成统一开放、竞争有序的市场体系提供有效支撑。World Bank（1994）也指出，交通运输、邮电通信、能源供给等基础设施会随着一国经济的发展而增长。② 自 20 世纪 90 年代后期以来，基础设施建设日益受到中国政府的重视。无论是为了应对 1997 年东南亚金融危机和 2008 年全球金融危机所实施的扩大内需政策，还是为了协调区域经济发展先后实施的西部大开发、东北老工业基地振兴、中部地区崛起战略，基础设施建设都是其中的一项重要内容。时至今日，中国的基础设施已经在交通、水利、能源、信息等方面实现了巨大的飞跃，铁路、公路、航道和航空综合运输网逐渐形成，电信网络规模、电力装机规模和发电量、高速铁路营业里程、高速公路通车里程、城市轨道交通运营里程、沿海港口万吨级及以上泊位数量等许多指标均位居世界第一。随着中国特色社会主义进入新时代，基础设施建设更是成为解决我国当前所面临的区域差异大、发展不平衡问题的重要举措，对于提高发展的协调性和平衡性意义重大。本章将在第四章构造出来的中国省际经济治理水平面板数据的基础上，实证分析基础设施建设对中国的经济治理产生了什么样的影响及具体的影响机制是什么，从而为制定中国经济治理机制的优化策略提供借鉴和启示。

---

　　① 在第四章的研究中，我们用中国省际贸易成本来度量市场经济的总交易成本，也就是市场经济的运行成本或是中国的经济治理水平，因而在本章及后面几章中我们对这几个概念不做区分，交替使用。

　　② World Bank. *World Development Report* 1994：*Infrastructure for Development*［M］. Washington，D. C.：World Bank，1994.

第一节 基础设施对经济治理水平的贡献

世界银行（World Bank，1994）① 把基础设施分为交通运输、邮电通信、能源供给等几个组成部分，这得到了学术界的广泛认同。② 综合已有的理论和实证研究，交通运输基础设施的改善，可以降低商品在不同地域间的转移成本和仓储成本，从而降低空间性交易成本。Limão 和 Venables（2001）发现，基础设施建设水平可以解释沿海国家运输成本的 40% 和内陆国家运输成本的 60%。③ 刘生龙、胡鞍钢（2011）通过对 2008 年中国交通部省际货物运输周转量的普查数据的研究发现，交通基础设施的改善对中国的区域贸易产生了显著的正向影响。④ 还有文献表明，邮电通信基础设施的改善，可以通过提高减少信息的不确定性、提高交易效率来降低空间性交易成本，例如，Leff（1984）⑤、Pant 和 Hsu（1996）⑥、Hendriks（1999）⑦ 及赵红军、尹伯成、孙楚仁（2006）⑧。另外，能源基础设施可以通过降低交通运输和邮电通信的成本来降低空间性交易成本。

---

① World Bank. *World Development Report* 1994：*Infrastructure for Development* ［M］. Washington, D. C. : World Bank, 1994.

② 刘生龙，胡鞍钢. 基础设施的外部性在中国的检验：1988~2007 ［J］. 经济研究，2010（3）；李平，王春晖，于国才. 基础设施与经济发展的文献综述 ［J］. 世界经济，2011（5）.

③ Limão, Nuno. and Venables, Anthony. Infrastructure, Geographical Disadvantage, Transport Costs, and Trade ［J］. *World Bank Economic Review*, 2001, 15（3）：451-479.

④ 刘生龙，胡鞍钢. 交通基础设施与中国区域经济一体化 ［J］. 经济研究，2011（3）.

⑤ Leff, Nathaniel. Externalities, Information Costs, and Social Benefit-Cost Analysis for Economic Development：An Example from Telecommunications ［J］. *Economic Development and Cultural Change*, 1984, 32（2）：255-276.

⑥ Pant, Somendra and Hsu, Cheng. Business on the Web：Strategies and Economics ［J］. *Computer Networks and ISDN System*, 1996, 28（7-11）：1481-1492.

⑦ Hendriks, Paul. Why Share Knowledge? The Influence of ICT on Motivation for Knowledge Sharing ［J］. *Knowledge and Process Management*, 1999, 6（2）：91-100.

⑧ 赵红军，尹伯成，孙楚仁. 交易效率、工业化与城市化———一个理解中国经济内生发展的理论模型与经验证据 ［J］. 经济学（季刊），2006, 5（4）.

另外，还有大量的研究指出，中国的地方保护主义是造成贸易障碍和市场分割的重要原因，[①] 这意味着制度性交易成本也是影响中国经济治理优化的一个重要因素。因此，有必要从定量的角度来分析基础设施建设对中国经济治理优化的贡献究竟有多大。换句话说，需要从定量的角度来分析中国经济治理水平的提高究竟是主要来自空间性交易成本的下降，还是来自制度性交易成本的下降。

一、估计策略

我们对基础设施水平的测算所反映的是全国基础设施水平的省际分布情况。在理论上，可以把我们测算的 i 省贸易成本分解为由 i 省基础设施水平决定的贸易成本和由 i 省之外国内其他地区的基础设施水平决定的贸易成本两部分。然而，考虑到在我们对基础设施水平的计算中，全国基础设施水平与 i 省基础设施水平和 i 省之外国内其他地区基础设施水平之间存在线性关系，因而可以认为，i 省贸易成本主要受 i 省基础设施水平和全国基础设施水平的影响。但构建面板数据的目的就是要通过每个省的个体情况来推断全国层面上基础设施水平对贸易成本的影响，所以我们建立如下面板数据计量模型：

$$cost_{it} = \alpha_0 + \alpha_1 \, infra_{it} + \alpha_2 \, dist_{it} + \mu_i + \varepsilon_{it} \qquad (5-1)$$

其中，i 和 t 分别表示省份和时间。模型的被解释变量 cost 表示省际贸易成本。infra 表示各省份的基础设施建设水平，dist 表示贸易空间距离，用根据经纬度计算每个省省会城市和其他各省的省会之间地球球面距离来度量。μ_i 是非观测效应（Unobserved Effect），ε_{it} 是特异性误差（Idiosyncratic

① Young, Alwyn. The Razor's Edge: Distributions and Incremental Reform in the People's Republic China [J]. *Quarterly Journal Economics*, 2000, 115 (4): 1091-1135. 银温泉，才婉茹. 中国地区间市场分割成因和治理 [J]. 经济研究，2011 (6). 白重恩，杜颖娟，陶志刚等. 地方保护主义及产业地区集中度的决定因素和变动趋势 [J]. 经济研究，2004 (4). Poncet, Sandra. A Fragmented China: Measure and Determinants of Chinese Domestic Market Disintegration [J]. *Review of International Economics*, 2005, 13 (3): 409-430. 行伟波，李善同. 地方保护主义与中国省际贸易 [J]. 南方经济，2012 (1).

Error）。

需要说明的是，由于计量模型使用的是 29 个省份 1998~2014 年的面板数据，因此，必须考虑以下两个因素对估计结果的影响：首先，由于各地区间的差异颇为显著，可能会产生异方差；其次，由于存在序列相关，估计结果可能是有偏且不一致的。[①]

可行的广义最小二乘法（FGLS）能够修正由于截面数据造成的"组间异方差""组内自相关性"及"组间同期相关性"（或截面相关）等问题，提高了面板回归的一致性和有效性。但是在面板数据模型中时间数 T 小于截面数 N 的情况下，FGLS 估计参数的标准差并不能够完全反映其变异情况，需要考虑采用面板校正标准误（PCSE）来处理复杂的面板误差结构。

由于 FGLS 和 PCSE 采用不同的方法处理误差项的协方差矩阵，为了使实证结果更为可靠，我们将同时采用 FGLS 和 PCSE 进行估计，以保证参数估计的准确性和解释力度。并对模型可能存在的固定效应或随机效应进行判断，利用 Wald 检验、Wooldridge 检验和 Pesaran 检验确定其模型是否存在组间异方差、组内和组间自相关。

二、基本结果

如表 5-1 所示，F 检验结果显示在混合回归和固定效应模型中应选择固定效应模型，Hausman 检验结果显示在固定效应模型和随机效应模型中随机效应模型是有效率的。各个方程误差项存在一阶组内自相关和组间截面相关，个体间误差项亦存在异方差。为此，本书选用随机效应模型 FGLS 来进行估计是有效的，回归结果如表 5-1 中第（1）列所示。采用面板校正标准误 PCSE 来进行回归估计，结果如表 5-1 中第（2）列所示。

---

① 在后面的计量分析中，我们发现这两个问题的确存在。

表 5-1　省际贸易成本的 FGLS 和 PCSE 估计结果

变量	（1）	（2）
	FGLS	PCSE
dist	0.0339***	0.0342***
	（0.0009）	（0.0016）
infra	-0.0216***	-0.0209**
	（0.0067）	（0.0097）
_cons	0.1398***	0.1378***
	（0.0116）	（0.0963）
F 检验	7.69***	
Hausman 检验	0.43	
Wald 检验	2339.86***	
Wooldridge 检验	6.67**	
Pesaran 检验	27.663***	
Wald chi 2 显著性检验	1429.17***	465.45***
Observation	493	493

注：①括号内为标准差，＊、＊＊、＊＊＊分别表示在 10%、5%、1%水平上显著；②F 检验为判断面板数据混合估计模型与固定效应模型检验，原假设为混合估计模型；Hausman 检验原假设为随机效应模型；Wald 检验的原假设为"组间同方差"；Wooldridge 检验的原假设为"不存在一阶组内自相关"；Pesaran 检验的原假设为"不存在组间截面相关"；Wald chi 2 显著性检验为 FGLS 和 PCSE 模型系数的联合显著性检验。

可以看出，FGLS 与 PCSE 的估计结果非常接近。基础设施变量对国内贸易成本的回归系数为负，说明国内基础设施建设水平的提升显著地降低了国内贸易成本。贸易的空间距离对省际贸易成本的影响为正，说明贸易的空间距离显著增加了国内贸易成本。并且从数值上来看，空间距离对贸易成本的影响要大于基础设施建设水平的影响。

值得一提的是，内生性问题的存在会导致估计结果是有偏的。但我们使用滞后一期的基础设施建设水平作为工具变量进行 Hausman 检验，[①] 结果表明，*infra* 不存在内生性的问题。这个结果也符合直觉上的观察，在中国基础设施建设往往是政府作为应对危机或推动经济发展的战略性政策手段发挥作用的，因而基础设施建设水平对贸易成本的影响是单向的，不存在互为因果关系。

三、稳健性检验

我们从以下三个方面来进一步检验估计结果的稳健性：

第一，使用 $\rho = 5$ 和 $\rho = 10$ 时计算得到的贸易成本。表 5-2 中第（1）、（2）列是用 $\rho = 5$ 时的贸易成本计算的，第（3）、第（4）列是用 $\rho = 10$ 时的贸易成本计算的，结果显示核心变量系数没有明显改变。

第二，调整基础设施建设水平的度量方法。参照中国经济增长与宏观稳定课题组（2010）的测算结果，调整基期资本存量的设定，然后利用永续盘存法计算基础设施资本存量。结果如表 5-2 中第（5）、第（6）列所示，核心变量系数没有明显改变。

第三，换用距离的另一种度量方法。参考刘建等（2013）[②]，使用以产出为权重的本省与其他省之间地球球面距离的加权平均值来代表该省份开展省际贸易的平均贸易距离指标。结果如表 5-2 中第（7）、第（8）列所示，核心变量系数没有明显改变。

四、分时期估计结果

从理论上来说，基础设施建设既有降低空间性交易成本的一面，也有引致空间性交易成本提高的一面。一方面，基础设施具有拥挤性公共品

---

① 显然，上一期基础设施建设水平与当期基础设施建设水平是相关的，但当期的贸易成本却是由当期的基础设施建设水平决定的。

② 刘建，许统生，涂远芬. 交通基础设施、地方保护与中国国内贸易成本［J］. 当代财经，2013（9）.

表 5-2 稳健性检验结果

变量	(1) FGLS	(2) PCSE	(3) FGLS	(4) PCSE	(5) FGLS	(6) PCSE	(7) FGLS	(8) PCSE
infra	-0.0389***	-0.0377*	-0.0166***	-0.0161**	-0.0120***	-0.0172**	-0.0281***	-0.0281***
	(0.0133)	(0.0201)	(0.0050)	(0.0071)	(0.0040)	(0.0078)	(0.0067)	(0.0092)
Dist	0.0692***	0.0697***	0.0252***	0.0254***	0.0331***	0.0330***	0.000086***	0.000086***
	(0.0018)	(0.0034)	(0.0007)	(0.0012)	(0.0009)	(0.0017)	(0.000002)	(0.000006)
_cons	0.2528***	0.2502***	0.1076***	0.1060***	0.1392***	0.1419***	0.1669***	0.1654***
	(0.0230)	(0.0186)	(0.0087)	(0.0067)	(0.0115)	(0.0105)	(0.0107)	(0.0093)
F 检验	7.94***		7.61***		1.02		5.76***	
LM 检验					1790.47***			
Hausman 检验	0.55		0.39				2.72	
Wald 检验	2307.63***		2356.74***		2339.86***		1816.59***	
Wooldridge	7.130***		6.552**		6.670**		6.358**	
Pesaran 检验	28.947***		28.646***		27.663***		28.596***	
Wald chi 2 检验	1590.63***	412.77***	1374.77***	482.52***	1523.84***	425.81***	1612.83***	222.25***
Observation	493	493	493	493	493	493	493	493

注：①括号内为标准差，*、**、***分别表示在10%、5%、1%水平上显著；②LM检验为判断面板数据随机效应模型与固定效应模型检验，原假设为固定效应模型。

（Congestible Public Goods）[①] 的特征，在消费者达到一定的数量之后，会随着消费的进一步增加而产生拥挤，从而增加每个消费者的成本。例如，交通基础设施的改善会增加对交通基础设施的消费，从而产生拥挤性；又如，交通基础设施的改善会增加地区间贸易量，进而增加对能源基础设施的消费，从而产生拥挤性。这意味着，基础设施建设也可能通过消费量的增加而形成回弹效应（Rebound Effects）[②]。另一方面，中国的基础设施建设需要收回成本，已经有一些研究注意到，由于中国基础设施的建设和营运模式相对落后，引起了企业成本的上升。例如，黄玖立和徐旻鸿（2012）提到，许多国内外机构和公司的报告不约而同地反映，中国的物流效率低下、运行成本偏高。公路通行费是导致中国物流成本偏高的重要原因之一。中国的收费公路不仅比率高，运营和管理也较为混乱。违规设站、提高收费标准、延长收费期限等现象非常普遍。[③] 还有大量的研究表明，公共建设投资与土地价格存在着明显的相关性（周京奎和吴晓燕，2009；郑思齐等，2014；王贤彬等，2014）。[④] 而周正柱等（2011）对东部沿海六省市的实证研究，2003~2008 年商业设施和土地成本两个指数年增加值逐步提高，其中，共性的原因主要是土地价格上涨、房屋造价相应上涨及房屋销售价格和租赁价格快速上涨。[⑤] 另有资料显示，在中国用水电气都需要高额的费用。中国的商业用电价格为 12 美分，而美国为 10.6 美分；中国的工业用电价格为 10 美分，而美国为 7 美分。中国工商业电价过高，除了交叉补贴、竞争不充分之外，电力行业扩张速度过快，电厂需要

---

① Oakland, William. Theory of Public Goods. In: Auerbach, A. and Feldstein, M. eds., *Handbook of Public Economics* [M]. Ⅱ. North-Holland, 1987: 485-535.

② 回弹效应的本意是指能源效率的改进会通过新的能源需求而被部分或完全抵消，参见 Greening, Lorma and Greene, David and Difiglio, Carmen. Energy Efficiency and Consumption – the Rebound Effect–a Survey [J]. *Energy Policy*, 2000, 28 (6-7): 389-401.

③ 黄玖立, 徐旻鸿. 境内运输成本与中国的地区出口模式 [J]. 世界经济, 2012 (1).

④ 周京奎, 吴晓燕. 公共投资对房地产市场的价格溢出效应研究——基于中国 30 省市数据的检验 [J]. 世界经济文汇, 2009 (1). 郑思齐, 孙伟增, 吴璟等. "以地生财, 以财养地"——中国特色城市建设投融资模式研究 [J]. 经济研究, 2014 (8). 王贤彬, 张莉, 徐现祥. 地方政府土地出让、基础设施投资与地方经济增长 [J]. 中国工业经济, 2014 (7).

⑤ 周正柱, 苏云霞, 张亚等. 东部沿海六省市商务成本水平结构比较 [J]. 开放导报, 2011 (6).

还本付息也是一个重要原因。① 这意味着，基础设施水平的提高对于省际贸易成本的影响可能存在回弹效应。

为了对这种情况加以甄别，下面进一步考察子样本。

第一，通过对图4-2和图4-3的观察，我们以2007年为界，将样本期分为1998~2006年和2007~2014年两个时间段。第二，我们进一步将基础设施拆分为电力、煤气及水等能源基础设施（用 Energy 表示）和交通运输仓储、邮电通信业、信息传输、计算机服务等交通和信息基础设施（用 Trans 表示）两部分，来考察不同类型基础设施对省际贸易成本的影响。

从表5-3中第（1）~（4）列的估计结果来看，在全国层面上基础设施建设水平对省际贸易成本的影响存在时期差异，1998~2006年能源基础设施建设水平显著地降低了省际贸易成本，而2007~2014年能源基础设施建设水平显著地增加了省际贸易成本。基础设施建设水平与贸易成本正相关出现在基础设施建设的最重要时期，这意味着中国在加快基础设施建设的同时，还需要加强对基础设施建设经济效果的评估，深化对基础设施建设影响经济活动作用机制的认识。

表5-3　分时期估计结果（全国和东部地区情况）

变量	(1)	(2)	(3)	(4)
	1998~2006 年		2007~2014 年	
	FGLS	PCSE	FGLS	PCSE
Energy	-0.0719***	-0.0717**	0.1591***	0.1615***
	(0.0107)	(0.0317)	(0.0413)	(0.0158)
Trans	-0.0200**	-0.0193	-0.0725***	-0.0770***
	(0.0102)	(0.0183)	(0.1787)	(0.0198)

---

① 董鑫，高歌. 宗庆后曹德旺看过来，中国电价究竟为何贵 [EB/OL]. 第一财经网，2017-01-05. http://www.yicai.com/news/5198707.html?_t_t=0.1775410098489374.

续表

变量	(1)	(2)	(3)	(4)
	1998~2006 年		2007~2014 年	
	FGLS	PCSE	FGLS	PCSE
Dist	0.0370***	0.0370***	−0.0281***	0.0283***
	(0.0024)	(0.0015)	(0.0027)	(0.0034)
_cons	0.1333***	0.1332***	0.1384***	0.1403***
	(0.0098)	(0.0056)	(0.0140)	(0.0158)
F 检验	3.30**		9.13***	
LM 检验				
Hausman	0.2		5.46	
Wald 检验	3177.03***		1824.62***	
Wooldridge	0.890		162.464***	
Pesaran	17.061***		32.854***	
Wald chi 2	680.89***	2088.63***	159.34***	72.16***
Observation	261	261	232	232

注：括号内为标准差，**、***分别表示在5%、1%水平上显著。

五、贡献度测算

根据表5-1和表5-3的参数估计及各变量的实际数据（均值），我们可以进一步得到相关因素对省际贸易成本的贡献度，结果见表5-4。在整个样本期内，基础设施建设水平对省际贸易成本的贡献度为−5.62%。但从时间来看，1998~2006年基础设施建设水平对省际贸易成本的影响表现为降低效应，贡献度为−9.76%。2007~2014年基础设施建设水平对省际贸易成本的影响表现为增加效应，贡献度为4.64%，其中，能源基础设施是导致影响效应逆转的主要原因，其对省际贸易成本的贡献度为16.94%。

表 5-4　基础设施建设水平影响省际贸易成本的贡献度　　　　单位:%

变量		(1)	(2)		(3)	
		全样本	1998~2006 年		2007~2014 年	
infra	*Trans*	-5.62	-9.76	-3.01	4.64	-12.30
	Energy			-6.75		16.94
	Dist	49.23	54.70		40.01	
未解释因素		56.39	55.06		55.35	

注: ①对应表 5-1 (1); ② (3) 分别对应表 5-3 (1) (3)。

　　从上面的研究结果综合来看，尽管基础设施建设水平的提高总体上对于降低省际贸易成本具有积极的影响，但基础设施建设水平对省际贸易成本的影响存在明显的时期差异。1998~2006 年基础设施建设水平的提高降低了省际贸易成本，贡献度为-9.76%。2007~2014 年基础设施建设水平提高了省际贸易成本，贡献度为 4.64%。这意味着中国在加快基础设施建设的同时，还需要加强对基础设施建设经济效果的评估，深化对基础设施建设影响经济活动作用机制的认识。

　　另外，我们的研究表明，观测期内基础设施建设水平对省际贸易成本的贡献度为-5.62%，这意味着基础设施建设水平并不是影响中国经济治理水平的最主要因素。降低市场经济运行的总交易成本从而提高中国经济治理的质量和水平，还需要更多地着眼于基础设施之外的因素，尤其是要分析制度性交易成本对中国经济治理的质量和水平的影响。

第二节　基础设施建设的拥挤性对经济治理优化的影响

　　在本节中，我们进一步研究基础设施对中国经济治理的影响机制。已经有不少研究发现，中国的基础设施建设对降低市场经济的运行成本具有积极作用。例如，刘生龙、胡鞍钢（2011）[1]，张学良（2012）[2]，张勋、王旭、万广华、孙芳城（2018）[3] 的研究都表明，交通基础设施建设促进了各种生产要素的跨区域流动，对降低空间性交易成本产生了积极作用。高翔、龙小宁、杨广亮（2015）指出，交通基础设施的改善降低了服务业的贸易成本。[4] 郑世林、周黎安、何维达（2014）则指出，电信基础设施的改善有利于打破信息的封闭，成为经济增长和社会发展的"助推器"。[5] 刘生龙、胡鞍钢（2010）发现，交通基础设施和信息基础设施在地区间产生了规模效应。[6] 张光南、洪国志、陈广汉（2013）把交通运输和邮电通信基础设施汇总到一起，发现两者的建设有利于降低制造业厂商的成本。[7] 范欣、宋冬林、赵新宇（2017）将交通运输、邮电通信、能源供给等基础设施放在一起，发现在 1993~2012 年上述基础设施的建设从总体上对于打破国内市场分割，降低市场经济的运行成本起到了显著作用。[8]

我们在已有研究基础上来进一步研究基础设施建设影响市场经济运行成本的机制。第一，我们将考察基础设施的拥挤性特征对贸易成本的影响。虽然已有研究都认为，基础设施建设会对地区经济一体化产生积极影响，然而应看到的是，一方面，在市场经济中，决定商品和要素流动的关键是贸易成本，因而基础设施建设只有能够降低贸易成本时才会对地区经济一体化产生积极影响。另一方面，交通运输、邮电通信和能源供给等基

---

① 刘生龙，胡鞍钢. 交通基础设施与中国区域经济一体化 [J]. 经济研究，2011（3）.

② 张学良. 中国交通基础设施促进了区域经济增长吗——兼论交通基础设施的空间溢出效应 [J]. 中国社会科学，2012（3）.

③ 张勋，王旭，万广华等. 交通基础设施促进经济增长的一个综合框架 [J]. 经济研究，2018（1）.

④ 高翔，龙小宁，杨广亮. 交通基础设施与服务业发展——来自县级高速公路和第二次经济普查企业数据的证据 [J]. 管理世界，2015（8）.

⑤ 郑世林，周黎安，何维达. 电信基础设施与中国经济增长 [J]. 经济研究，2014（5）.

⑥ 刘生龙，胡鞍钢. 基础设施的外部性在中国的检验：1988~2007 [J]. 经济研究，2010（3）.

⑦ 张光南，洪国志，陈广汉. 基础设施、空间溢出与制造业成本效应 [J]. 经济学（季刊），2013（1）.

⑧ 范欣，宋冬林，赵新宇. 基础设施建设打破了国内市场分割吗? [J]. 经济研究，2017（2）.

础设施都具有拥挤性公共品（Eongestible Public Goods）① 的特征，即当消费者达到一定的数量之后，会随着消费的进一步增加而产生拥挤，从而增加每个消费者的成本。这意味着，基础设施的使用并不是在任何情况下都会降低贸易成本，当消费者的数量增加以致产生拥挤时，也存在增加贸易成本的可能，从而对地区经济一体化产生消极影响。

第二，我们将考察基础设施的互补性对贸易成本的影响。在我国，交通运输、邮电通信和能源供给等基础设施建设是分别规划的。但对商品和要素的跨区域流动而言，由于运输仓储、信息沟通、包装和装卸搬运等环节是缺一不可的，因而需要不同基础设施同时发挥作用。其中，交通运输基础设施的改善，可以降低商品在不同地域间的运输成本和仓储成本。邮电通信基础设施的改善，可以降低企业与供应商、客户之间的信息沟通成本，减少信息的不确定性。能源基础设施的改善，可以降低商品在运输、储存、包装和装卸搬运过程中电力、煤气及水的使用成本。可见，不同基础设施在降低贸易成本方面具有互补性，彼此之间不可相互替代，因而当某一基础设施因消费者达到一定数量而产生拥挤时，其他基础设施建设对降低贸易成本的作用将会大打折扣。所以，从基础设施的互补性出发，需要充分考虑不同基础设施建设对贸易成本的不同影响。

我们的分析有助于更为深入地理解基础设施建设对于降低贸易成本从而提高地区经济一体化水平的重要意义。习近平总书记指出，"十三五"时期经济社会发展的关键在于补齐短板。当前我国正处于决胜全面建成小康社会的关键时期，加强和改善基础设施建设是解决我国当前所面临的区域差异大、发展不平衡问题的重要举措，有利于提高发展的协调性和平衡性。从我们的研究结论来看，在地区经济一体化方面，我国的基础设施的确表现出拥挤性的特征，从而妨碍了通过加强基础设施建设提高地区经济一体化水平的政策效果。并且，由于不同的基础设施建设在降低地区间贸易成本方面所发挥的作用是不同的，因而只有在基础设施建设中找出短板，在补齐短板上多用力，才能够使基础设施建设取得更好的效果。这意

---

① Oakland, William. Theory of Public Goods [J]. In: Auerbach A. and Feldstein M. eds., *Handbook of Public Economics* [M]. Ⅱ. North-Holland, 1987: 485-535.

味着基础设施建设应该加强顶层设计，统筹推进，提高不同基础设施建设的协调性。

一、拥挤性与基础设施建设的短板效应

虽然亚当·斯密在《国富论》中提及基础设施建设对经济活动具有积极的影响，但对于具体影响机制的认识，世界银行在 1994 年《世界发展报告》中还坦言尚无定论。[①] 从已有的研究文献来看，一方面，基础设施因其建设周期长、投资数额大而在建设过程中带动大规模的资金和劳动投入，从而增加社会总需求，在短期内促进经济增长[②]；另一方面，更重要的是在其使用过程中会产生正的外部性[③]，这主要体现为通过基础设施网络的扩展扩大市场规模、降低企业成本、实现规模经济。[④] 对于地区经济一体化，基础设施的正外部性还体现在通过促进生产要素和商品的流动形成集聚，产生空间溢出效应和产业溢出效应。[⑤]

然而值得注意的是，我国的基础设施并不是纯粹的公共品（Pure

[①]　World Bank. *World Development Report* 1994：*Infrastructure for Development* ［M］. World Bank，1994.

[②]　Aschauer, David. Is Public Expenditure Productive? ［J］. *Journal of Monetary Economics*，1989，23（2）：177-200. Barro, Robert. Government Spending in a Simple model of Endogenous Growth ［J］. *Journal of Political Economy*，1990，98（5）：103-125.

[③]　Rosenstein-Rodan, P. N. Problems of Industrialisation of Eastern and South-Eastern Europe ［J］. *Economic Journal*，1943，53（210/211）：202-211.

[④]　World Bank. *World Development Report* 1994：*Infrastructure for Development* ［M］. World Bank. 1994. Agenor, Pierre-Richard and Moreno-Dodson, Blanca. Public Infrastructure and Growth：New Channels and Policy Implications ［R］. *World Bank Policy Research Working Paper*，2006：4064. Hulten, Charles and Bennathan, Esra and Srinivasan, Srinivasan. Infrastructure, Externalities, and Economic Development：A Study of the Indian Manufacturing Industry ［J］. *World Bank Economic Review*，2006，20（2）：291-308. Jacoby, Hanan and Minten, Bart. On Measuring the Benefits of Lower Transport Costs ［J］. *Journal of Development Economics*，2009，89（1）：28-38. Faber, Benjamin. Trade Integration, Market Size and Industrialization：Evidence from China's National Trunk Highway System ［J］. *Review of Economic Studies*，2014，81（3）：1046-1070.

[⑤]　Moreno, Rosina and López-Bazo, Enrique and Vayá, Esther and Artís, Manuel. External Effects and Cost of Production. In：Anselin, Luc and Florax, Raymond and Rey, Sergio（eds.）*Advances in Spatial Econometrics* ［M］. Springer-Verlag Berlin Heidelberg，2004：297-317.

Public Goods），而是表现较为明显的拥挤性特征。也就是说，虽然基础设施服务为社会成员所共享，但在消费上具有一定的竞争性，当消费者的人数达到拥挤点后，消费者规模的增加会减少每个消费者可以从中获得的效用。这意味着基础设施在其使用过程中也有可能产生负的外部性。

在公共经济学中，尽管对拥挤性公共品已经做了较为充分的研究，[1]但较少关注到两种拥挤性公共品并存的情况。在我国的地区间贸易往来中，交通运输、邮电通信和能源供给等基础设施都不是孤立地发挥作用，而是共同作用于商品从卖者到买者手中的整个过程。因而有必要对两种拥挤性公共品并存的情况做进一步的分析。高培勇（2004）[2]描述了一种拥挤性公共产品的边际成本情况，在此基础上我们进一步分析两种拥挤性公共品并存的情况。如图 5-1 所示，基础设施 I_a 和基础设施 I_b 都属于拥挤性公共产品，基础设施 I_a 在达到拥挤点 N_1 后，消费者数量的增加将会导致边际成本上升如 C_{I_a} 所示。基础设施 I_b 在达到拥挤点 N_2 之后，消费者数量的增加将会导致边际成本的上升如 C_{I_b} 所示。但问题是两种基础设施是同时发挥作用的，因而对消费者而言，其所面对的边际成本是两种基础设施的边际成本之和，于是有：

$$C = C_{I_a} + C_{I_b} = \begin{cases} 0 & N < N_1 \\ C_{I_a} & N_1 \leqslant N < N_2 \\ C_{I_a} + C_{I_b} & N \geqslant N_2 \end{cases} \qquad (5\text{-}2)$$

式（5-2）表明，当两种拥挤性基础设施并存时，其拥挤点是由所有基础设施中拥挤点的最小值决定的，相对而言，拥有最小拥挤点的基础设施就是两种基础设施综合作用效果的短板。在上面的分析中，相对于基础设施 I_b 而言，基础设施 I_a 是影响两种基础设施综合作用效果的短板。在这种情况下，基础设施建设的效果取决于能否补齐短板，使拥挤点右移。显

---

① Oakland, William. Theory of Public Goods. In: Auerbach, A. and Feldstein, M. eds., *Handbook of Public Economics* [M]. North-Holland, 1987: 485-535. Eicher, Theo and Turnovsky, Stephen. Scale, Congestion and Growth [J]. *Economica*, 2000 (67): 325-346. Chang, Juin-Jen and Hung, Hsiao-Wen and Shieh, Jhy-Yuan and Lai, Ching-Chong. Optimal Fiscal Policies, Congestion and Over-Entry [J]. *Scandinavian Journal of Economics*, 2007, 109 (1): 137-151.

② 高培勇. 公共经济学 [M]. 北京：中国人民大学出版社，2004.

然，如果没有补上基础设施 I_a 的短板，基础设施 I_b 的改善并不能使拥挤点 N_1 显著右移，这会妨碍其正外部性作用的发挥。因此，只有在基础设施建设中找出短板，在补齐短板上多用力，才能够使基础设施建设取得更好的效果，我们将之称为基础设施建设的短板效应。

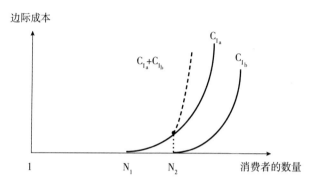

图 5-1　基础设施建设的短板效应

二、初步估计

比较图 4-3 和图 4-4 可以发现，基础设施水平的提高并不必然带来贸易成本的下降。尽管东部地区的基础设施水平最高，但该地区的贸易成本不是最低的；虽然中部地区基础设施水平最低，但该地区的贸易成本却是全国最低的。这些情况说明，基础设施建设并不一定总是产生正的外部性。在我国地区经济一体化方面，基础设施很可能已经表现出拥挤性的特征，因消费者规模的扩大而产生了负的外部性。而究竟基础设施水平对中国的地区间贸易成本产生了什么样的影响，是否在我国的基础设施建设中存在短板效应，则需要通过建立计量模型做进一步的实证分析。

本书对基础设施水平的测算所反映的是全国基础设施水平的省际分布情况。在理论上，可以把我们测算的 i 省贸易成本分解为由 i 省基础设施水平决定的贸易成本和由 i 省之外国内其他地区的基础设施水平决定的贸易成本两部分。然而在考虑前文对基础设施水平的计算中，全国基础设施

水平与 i 省基础设施水平和 i 省之外国内其他地区基础设施水平之间存在线性关系，因而可以认为，i 省贸易成本主要受 i 省基础设施水平和全国基础设施水平的影响。据此，建立如下面板数据计量模型估计基础设施水平对地区间贸易成本的影响：

$$cost_{it} = \alpha_0 + \alpha_1 \, infrastructure_{it} + \alpha_2 \, infrastructure_{Dt}$$
$$+ \alpha_3 \, market_{it} \qquad\qquad (5-3)$$

其中，i 和 t 分别表示省份和时间。$cost_{it}$ 表示 i 省与 i 省之外国内其他地区间的贸易成本，$infrastructure_{it}$ 表示 i 省基础设施水平，$infrastructure_{Dt}$ 表示全国基础设施水平。基础设施水平可以进一步拆分为交通运输和邮电通信基础设施水平 $transport$ 和能源基础设施水平 $energy$ 两部分。$market$ 表示 i 省的市场活跃程度。市场越活跃，同样的基础设施水平所服务的消费者规模就越大。市场活跃程度采用樊纲、王小鲁、朱恒鹏（2011）和王小鲁、樊纲、余静文（2017）测算的中国市场化指数来度量。[①]

表 5-5 分别报告了固定效应模型和随机效应模型的回归结果。在第（2）列和第（3）列的回归结果中，省际基础设施水平的改善显著地降低地区间贸易成本，这与范欣、宋冬林、赵新宇（2017）得出的结论是一致的。但是从第（5）列和第（6）列的回归结果来看，在把省际基础设施水平拆分为交通运输和邮电通信基础设施水平和能源基础设施水平两部分后，只有能源基础设施水平显著地降低了地区间贸易成本。这与前文提及已有文献的研究结论并不一致（刘生龙、胡鞍钢，2011；张光南、洪国志、陈广汉，2013；张学良，2012；郑世林、周黎安、何维达，2014；高翔、龙小宁、杨广亮，2015；张勋、王旭、万广华、孙芳城，2018）。基于第二部分的理论分析，我们认为，这种情况意味着我国的基础设施建设存在短板效应，地区间贸易成本主要是由作为短板的能源基础设施决定的，因而能源基础水平的提高会显著地降低地区间贸易成本，而交通运输和邮电通信基础设施的改善没有对地区间贸易成本产生显著影响。但是不

---

① 樊纲，王小鲁，朱恒鹏. 中国市场化指数——各地区市场化相对进程 2011 年报告 [M]. 北京：经济科学出版社，2011. 王小鲁，樊纲，余静文. 中国分省份市场化指数报告 [M]. 北京：社会科学文献出版社，2017.

能据此认为，本书与已有文献在研究结论上是冲突的。考虑到交通运输和邮电通信基础设施的改善也会促进能源基础设施水平的提高，因而是究竟交通运输和邮电通信基础设施建设对地区间贸易成本没有影响，还是通过促进能源基础设施水平的提高间接地对地区间贸易成本产生影响，还需要做进一步的分析。

表 5-5　基础设施建设对贸易成本的影响：固定效应和随机效应

变量	随机效应（1）	固定效应（2）	变量（3）	随机效应（4）	固定效应（5）
$infrastructure_i$	−0.072*** （0.0195）	−0.0802*** （0.0209）	$transport$	0.0533 （0.0487）	0.063 （0.0556）
			$energy$	−0.1495*** （0.0336）	−0.1558*** （0.0342）
$infrastructure_D$	0.0005** （0.0002）	0.0005*** （0.0002）	$infrastructure_D$	−0.0003 （0.0002）	−0.0002 （0.0002）
$market$	−0.0003 （0.0019）	0.00001 （0.0019）	$market$	0.0002 （0.0019）	0.0006 （0.0019）
_cons	0.2808*** （0.0221）	0.2829*** （0.0172）	_cons	0.2531*** （0.0243）	0.2489*** （0.021）
样本量	493	493	493	493	493

注：括号内为标准差，**、***分别表示在5%、1%水平上显著。

三、基于联立方程组的进一步研究

在式（5-3）中，当把 i 省基础设施水平拆分为交通运输和邮电通信基础设施水平 $transport$ 和能源基础设施水平 $energy$ 两部分后，为了进一步考虑两者之间可能存在的交互关系，以及基础设施水平与贸易成本之间可能存在的交互关系，建立如下联立方程组：

$$cost_{it} = \alpha_0 + \alpha_1 \, transport_{it} + \alpha_2 \, energy_{it} + \alpha_3 \, infrastructure_{Dt} + \alpha_4 \, market_{it}$$

$$(5-4)$$

$$transport_{it} = \beta_0 + \beta_1 \, energy_{i,\,t-1} + \beta_2 \, cost_{i,\,t-1} + \beta_3 \, transport_{i,\,t-1} \quad (5-5)$$

$$energy_{it} = \gamma_0 + \gamma_1 \, transport_{i,\,t-1} + \gamma_2 \, cost_{i,\,t-1} + \gamma_3 \, energy_{i,\,t-1} \quad (5-6)$$

其中，式（5-4）延续式（5-3）的基本思路。式（5-5）和式（5-6）的含义是，当期的交通基础设施和邮电通信基础设施水平和当期的能源基础设施水平，分别受上一期的交通基础设施和邮电通信基础设施水平、能源基础设施水平和贸易成本的影响。

将式（5-5）和式（5-6）代入式（5-4），令 $\theta_0 = \alpha_0 + \alpha_1 \beta_0 + \alpha_2 \gamma_0$，$\theta_1 = \alpha_1 \beta_3 + \alpha_2 \gamma_1$，$\theta_2 = \alpha_1 \beta_1 + \alpha_2 \gamma_3$，则上式化简为：

$$cost_{it} = \theta_0 + \theta_1 \, transport_{i,\,t-1} + \theta_2 \, energy_{i,\,t-1} + \theta_3 \, cost_{i,\,t-1}$$
$$+ \alpha_3 \, infrastructure_{Dt} + \alpha_4 \, market_{it} \quad (5-7)$$

至此，确定实证分析的估计式如下：

$$\begin{cases} cost_{it} = \theta_0 + \theta_1 transport_{i,\,t-1} + \theta_2 energy_{i,\,t-1} + \theta_3 cost_{i,\,t-1} + \alpha_3 infrastructure_{Dt} \\ \qquad + \alpha_4 market_{it} \\ transport_{it} = \beta_0 + \beta_1 energy_{i,\,t-1} + \beta_2 cost_{i,\,t-1} + \beta_3 transport_{i,\,t-1} \\ energy_{it} = \gamma_0 + \gamma_1 \, transport_{i,\,t-1} + \gamma_2 \, cost_{i,\,t-1} + \gamma_3 energy_{i,\,t-1} \end{cases}$$

$$(5-8)$$

对于联立方程组的估计，既可以分别对每个方程进行估计，也可以采用三阶段最小二乘法（3SLS）对方程组进行系统估计。表5-6报告了基于固定效应模型的单个方程估计结果和采用三阶段最小二乘法的联合估计结果。比较而言，两种估计方法得出的结果非常相似。[①] 首先，经济活跃程度 market 显著地提高了地区间贸易成本，这说明我国的基础设施已经表现出拥挤性的特征，因消费者规模的扩大而产生了负的外部性。其次，在对地区间贸易成本的影响因素中，交通运输和邮电通信基础设施水平并没有产生显著的影响，而能源基础设施水平却显著地降低了地区间贸易成本。这说明相对于交通运输和邮电通信基础设施而言，能源基础设施是

---

① 我们的研究发现，基于二阶段最小二乘法（2SLS）的单个方程估计结果依然是相似的。

我国基础设施建设中的短板。加强和改善能源基础设施会更有利于促进地区经济一体化。最后，当期的交通运输和邮电通信基础设施水平主要受上一期交通运输和邮电通信基础设施水平的影响。当期的能源基础设施水平则分别受上一期的交通运输和邮电通信基础设施水平、能源基础设施水平和贸易成本的影响。其中，贸易成本的提高会对能源基础设施水平产生负面影响，交通运输和邮电通信基础设施水平的提高会提高能源基础设施水平。

表5-6　联立方程组估计结果

被解释变量	固定效应			3SLS		
	tradecost	transport	energy	tradecost	transport	energy
$tradecost_{t-1}$	0.4994 *** (0.0434)	-0.0161 (0.0166)	-0.0269 * (0.0146)	0.5004 *** (0.0418)	-0.0161 (0.016)	-0.0269 * (0.0141)
$transport_{t-1}$	0.0529 (0.0536)	1.022 *** (0.0166)	0.0285 * (0.0146)	0.0407 (0.0515)	1.022 *** (0.016)	0.0285 ** (0.0141)
$energy_{t-1}$	-0.0768 ** (0.033)	-0.0193 (0.0127)	0.9932 *** (0.0111)	-0.0762 ** (0.0317)	-0.0193 (0.0122)	0.9932 *** (0.0107)
sncapital	0.0001 (0.0002)	—	—	0.0002 (0.0002)	—	—
market	0.0069 *** (0.0019)	—	—	0.0074 *** (0.0018)	—	—
_ cons	0.0647 *** (0.0252)	0.006 (0.0068)	0.0006 (0.006)	0.0756 *** (0.0219)	0.0095 (0.0061)	0.0068 (0.0054)
R^2	0.2761	0.9264	0.9669	0.8191	0.9937	0.9904
地区控制	—	—	—	是	是	是
样本量	464	464	464	464	464	464

注：括号内为标准差，*、**、***分别表示在10%、5%、1%水平上显著。

综合上面的分析可以发现，能源基础设施是我国基础设施建设中的短板，能源基础设施的改善能够显著地降低地区间贸易成本，而交通运输和邮电通信基础设施主要是通过促进能源基础设施水平的提高从而间接地降低地区间贸易成本，因而本书与已有文献在研究结论上并不是冲突的。

四、稳健性分析

第一，使用 $\rho=5$ 和 $\rho=10$ 时计算得到的贸易成本。表5-7所展示的是基于固定效应模型的单个方程估计结果。表5-8所展示的是采用三阶段最小二乘法的联合估计结果。可以看出，核心变量的系数符号和显著性都是一致的。

第二，换用一种方法，在式（5-8）第一个方程中加入 transport 和 energy 的交叉项，来检验交通运输和邮电通信基础设施水平、能源基础设施水平对地区间贸易成本的影响。考虑下面计量模型：

$$cost_{it}=\alpha_0+\alpha_1 transport_{it}+\alpha_2 energy_{it}+\alpha_3 infrastructure_{Dt}+\alpha_4 market_{it}+ \quad (5-9)$$

$$transport_{it}\times energy_{it}$$

表5-9分别显示了随机效应模型和固定效应模型的估计结果。可以看出，表中核心变量的系数符号和显著性都是一致的。进一步分析可以发现，一方面，能源基础设施水平显著地降低了地区间贸易成本，交通运输和邮电通信基础设施水平并没有对地区间贸易成本产生显著的直接影响；另一方面，transport 和 energy 的交叉项对地区间贸易成本的影响是显著的，系数的符号为正。两方面相结合说明，交通运输和邮电通信基础设施水平的提高会通过提高能源基础设施水平来降低地区间贸易成本。但能源基础设施水平的提高并不会通过提高交通运输和邮电通信基础设施水平来降低地区间的贸易成本。

表5-7　稳健性检验——固定效应方法

被解释变量	$\rho = 5$			$\rho = 10$		
	tradecost	transport	energy	tradecost	transport	energy
$tradecost_{t-1}$	0.4928***	-0.0081	-0.0133*	0.5013***	-0.0215	-0.036*
	(0.0436)	(0.008)	(0.007)	(0.0434)	(0.0224)	(0.0197)
$transport_{t-1}$	0.1236	1.0222***	0.0288**	0.0377	1.0219***	0.0284*
	(0.1117)	(0.0166)	(0.0146)	(0.0396)	(0.0166)	(0.0146)
$energy_{t-1}$	-0.1717**	-0.0196	0.9929***	-0.0555**	-0.0192	0.9933***
	(0.0689)	(0.0127)	(0.0111)	(0.0244)	(0.0126)	(0.0111)
$sncapital$	0.0002	—	—	0.0001	—	—
	(0.0004)			(0.0001)		
$market$	0.0144***	—	—	0.0051***	—	—
	(0.0039)			(0.0014)		
$\_cons$	0.1166**	0.0058	0.0003	0.0498***	0.006	0.0007
	(0.0516)	(0.0066)	(0.0058)	(0.0187)	(0.0069)	(0.006)
R^2	0.2732	0.9264	0.9670	0.2770	0.9264	0.9669
样本量	464	464	464	464	464	464

注：括号内为标准差，*、**、***分别表示在10%、5%、1%水平上显著。

表5-8　稳健性检验——3SLS方法

被解释变量	$\rho = 5$			$\rho = 10$		
	tradecost	transport	energy	tradecost	transport	energy
$tradecost_{t-1}$	0.4939***	-0.0081	-0.0133**	0.5023***	-0.0215	-0.036*
	(0.042)	(0.0077)	(0.0068)	(0.0417)	(0.0216)	(0.019)
$transport_{t-1}$	0.0974	1.0222***	0.0288**	0.0288	1.0219***	0.0284**
	(0.1074)	(0.016)	(0.0141)	(0.0381)	(0.016)	(0.014)
$energy_{t-1}$	-0.1702**	-0.01958	0.9929***	-0.0551**	-0.0192	0.9933***
	(0.0663)	(0.0122)	(0.0107)	(0.0234)	(0.0122)	(0.0107)
$sncapital$	0.0004	—	—	0.0001	—	—
	(0.0004)			(0.0001)		

续表

被解释变量	$\rho=5$			$\rho=10$		
	tradecost	transport	energy	tradecost	transport	energy
market	0.0155***	—	—	0.0055***	—	—
	(0.0037)			(0.0013)		
_cons	0.1387***	0.0094	0.0064	0.058***	0.0096	0.0069
	(0.0447)	(0.0059)	(0.0052)	(0.0163)	(0.0062)	(0.0055)
地区控制	是	是	是	是	是	是
R^2	0.8153	0.9937	0.9904	0.8201	0.9937	0.9904
样本量	464	464	464	464	464	464

注：括号内为标准差，*、**、***分别表示在10%、5%、1%水平上显著。

表5-9 基础设施建设对贸易成本的影响：加入交叉项

变量	随机效应（1）			固定效应（2）		
	$\rho=5$	$\rho=8$	$\rho=10$	$\rho=5$	$\rho=8$	$\rho=10$
transport	−0.2723**	−0.1396**	−0.1051**	−0.4077***	−0.2033***	−0.1519***
	(0.1281)	(0.0618)	(0.0458)	(0.1477)	(0.0711)	(0.0526)
energy	−0.9629***	−0.4564***	−0.3359***	−1.131***	−0.5344***	−0.393***
	(0.1489)	(0.0717)	(0.0531)	(0.1537)	(0.074)	(0.0548)
transport×energy	0.9876***	0.4751***	0.3512***	1.2247***	0.5855***	0.4321***
	(0.2044)	(0.0985)	(0.0729)	(0.2125)	(0.1023)	(0.0757)
$infrastructure_D$	0.0018***	0.0009***	0.0006***	0.0022***	0.001***	0.0008***
	(0.0005)	(0.0002)	(0.0002)	(0.0005)	(0.0003)	(0.0002)
market	0.0051	0.0025	0.0019	0.0073*	0.0036*	0.0027*
	(0.004)	(0.0019)	(0.0014)	(0.004)	(0.0019)	(0.0014)
_cons	0.6168***	0.3155***	0.2376***	0.6555***	0.3337***	0.251***
	(0.0552)	(0.0267)	(0.0198)	(0.0523)	(0.0252)	(0.0286)

注：括号内为标准差，*、**、***分别表示在10%、5%、1%水平上显著。

五、进一步的讨论

自进入 21 世纪以来，中共中央、国务院先后提出并实施了西部大开发战略（2000 年）、东北振兴战略（2003 年）、中部崛起战略（2006 年）及东部率先发展战略（2007 年），从而形成了我国四大经济区域的基本格局。但是结合前文数据样本的时间跨度进一步考察四大经济区域的建设规划不难发现，基础设施建设在不同地区规划中发挥的作用并不相同，因而有必要进一步研究基础设施建设的短板效应在地区层面的表现，从而为我国制定更加科学有效的区域发展政策提供有益参考。在估计方法的选择上，我们依然采用前文提到的联立方程组模型，但考虑到不同区域在具体影响机制上可能存在差异，而三阶段最小二乘法（3SLS）中某个方程估计得不准确可能会影响系统中其他方程的估计，因而这里主要采用固定效应模型来估计方程（5-7）。

首先，国家对东部地区的战略定位是在经济结构升级和提高自主创新能力等方面实现率先发展，从而对全国经济的发展起到引领和支撑作用。因而与中部地区、西部地区和东北地区相比，基础设施建设并不在东部地区的发展规划中占据突出地位。据此，我们在样本中剔除东部地区，来考察中部地区、西部地区和东北地区的基础设施水平对其贸易成本的影响。表 5-10 第（2）列报告了回归的结果，可以发现，交通运输和邮电通信基础设施水平并没有产生显著的影响，而能源基础设施水平却显著地降低了地区间贸易成本。这说明，在我国东部以外的地区，相对于交通运输和邮电通信基础设施而言，能源基础设施是基础设施建设中的短板。

表 5-10　分区域估计结果（联立方程组模型）

	剔除东部地区 （1）	西部地区和东北地区 （2）	中部地区 （3）
$tradecost_{t-1}$	0.1785 *** （0.0493）	0.3311 *** （0.0762）	0.1047 （0.1142）

	剔除东部地区 （1）	西部地区和东北地区 （2）	中部地区 （3）
$transport_{t-1}$	0.136 （0.0826）	0.1209 （0.0783）	−0.0214 （0.1621）
$energy_{t-1}$	−0.2323*** （0.0727）	−0.1458* （0.0744）	−0.5823** （0.1873）
$sncapital$	−0.0002 （0.0005）	−0.00002 （0.0007）	0.0011* （0.0005）
$market$	0.007** （0.0026）	0.003 （0.0042）	0.0038 （0.0057）
$\_cons$	0.1739*** （0.0348）	0.1626 （0.3616）	0.2177** （0.0767）
R^2	0.1849	0.241	0.1276
时间控制		是	
样本量	320	224	96

注：①此处报告的是当 $\rho=8$ 时的回归结果，当 $\rho=5$ 和 $\rho=10$ 时的回归结果与此相似。②括号内为标准差，*、**、***分别表示在10%、5%、1%水平上显著。

其次，西部地区和东北地区都是资源比较丰裕的地区，因而其发展规划中都同时把能源基础设施和交通基础设施作为重点建设任务。在西部大开发战略提出之初，就明确要集中力量建设西气东输、西电东送、青藏铁路等一批具有战略意义的重大项目，而加强综合能源体系和综合交通运输网络建设一直是西部地区"十五"期间、"十一五"期间和"十二五"期间规划的重点任务。在东北振兴战略中，也把电网和天然气管网作为建设重点，同时打造东北地区综合物流体系，完善综合交通运输体系和信息基础设施建设。据此，我们在样本中进一步剔除中部地区，来考察西部地区和东北地区的基础设施水平对其贸易成本的影响。表5-10第（3）列报告了回归的结果，可以发现，交通运输和邮电通信基础设施水平没有产生显著的影响，而能源基础设施水平却较为显著地降低了地区间贸易成本。这说明在我国西部地区和东北地区，能源基础设施是基础设施建设中的短板。相对于交通运输和邮电通信基础设施而言，改善能源基础设施水平更有利于降低西部地区和东北地区的贸易成本。

最后，在中部崛起战略提出之初，国家对中部地区的战略定位就是配合西部大开发战略，以加快承东启西运输干线和能源外运干线建设为重点，扩展网络，形成大能力的运输通道。因而中部地区一直把交通运输基础设施建设、构建综合交通运输体系作为"十五"期间、"十一五"期间和"十二五"期间的重要任务。从表5-10第（4）列的回归结果来看，交通和通信基础设施的建设并不能显著地降低贸易成本，而能源基础设施水平的改善却显著地降低了贸易成本。这说明在中部地区发展规划的制定中，应当格外注意补上基础设施建设的短板，协调交通运输和邮电通信基础设施和能源基础设施建设之间的关系。

综合以上分析，可以得出如下结论：

第一，在商品和要素的跨区域流动过程中，需要交通运输、邮电通信和能源供给等基础设施综合发挥作用，但是由于基础设施属于拥挤性公共品，其综合作用时的拥挤点是由所有基础设施中拥挤点的最小值决定的。换句话说，基础设施综合作用的效果是由其中作为短板的基础设施决定的。这意味着不同基础设施建设的效果也是不同的，只有作为短板的基础设施的改善才能最大限度地使拥挤点右移，从而取得最佳的建设效果。

第二，从中国地区经济一体化的实际情况来看，1998～2014年全国平均贸易成本呈现下降趋势。在地区层面上，东北地区、东部地区、中部地区和西部地区的贸易成本都表现出一定程度上的向全国平均水平收敛的趋势。其中，东北地区和西部地区的贸易成本高于全国平均水平，东部地区和中部地区的贸易成本低于全国平均水平。东部地区的基础设施水平最高，但该地区的贸易成本不是最低的，虽然中部地区基础设施水平最低，但该地区的贸易成本却是全国最低的，这意味着我国的基础设施已经表现出拥挤性的特征，因消费者规模的扩大而产生了负的外部性。

第三，从实证结果来看，我国的基础设施建设的确表现出拥挤性的特征。进一步地，能源基础设施的改善能够显著地降低地区间贸易成本，而交通运输和邮电通信基础设施则主要是通过促进能源基础设施水平的提高从而间接地降低地区间贸易成本。这意味着相对于交通运输和邮电通信基础设施而言，能源基础设施是我国基础设施建设的短板。这种情况在更加注重通过基础设施建设来解决区域发展不平衡、不充分问题的中部地区、西部地区和东北地区都有明显的体现。

我们的研究有助于在基础设施建设和促进地区经济一体化方面贯彻和落实"协调"的发展理念。习近平总书记指出，协调发展就是找出短板，在补齐短板上多用力。本书关于我国在地区经济一体化方面所表现出来的基础设施建设的短板效应的分析，说明了在基础设施建设方面找出短板并补齐短板对于降低地区间贸易成本的重要意义。具体来说，当前我国的水电能源供给和交通运输、邮电通信等基础设施建设是分别规划的，由于不同类型的基础设施建设对于降低地区间贸易成本的作用是不同的，因而只有在今后的基础设施建设中加强顶层设计，统筹推进，提高不同基础设施建设的协调性，才能更有效地找出短板并补齐短板，从而使基础设施建设取得更好的效果。

第三节　本章小结

降低市场经济的运行成本，既包括降低空间性交易成本，也包括降低制度性交易成本，对于提高中国的经济治理水平，形成统一开放、竞争有序的市场体系具有重要意义。自改革开放以来，尤其是1997年东南亚金融危机以来，基础设施建设一直是国家应对危机、发展区域经济和提高发展平衡性和协调性的一项重要政策举措。虽然已经有大量的研究注意到基础设施建设的积极影响，但却都没有考虑基础设施具有拥挤性公共品的特征，有可能因消费者规模的扩大而提高贸易成本，从而产生负的外部性。本书从基础设施的拥挤性特征出发，从定量的角度分析了基础设施建设对于降低空间性交易成本从而提高经济治理水平的贡献和影响机制。研究表明：

第一，在商品和要素的跨区域流动过程中，需要交通运输、邮电通信和能源供给等基础设施综合发挥作用，由于基础设施属于拥挤性公共品，其综合作用时的拥挤点是由所有基础设施中拥挤点的最小值决定的。换句话说，基础设施综合作用的效果是由其中作为短板的基础设施决定的。这意味着不同基础设施建设的效果也是不同的，只有作为短板的基础设施的改善才能最大限度地使拥挤点右移，从而取得最佳的建设效果。

第二，从中国地区经济一体化的实际情况来看，1998～2014 年全国平均贸易成本呈下降趋势。在地区层面上，东北地区、东部地区、中部地区和西部地区的贸易成本都表现出一定程度地向全国平均水平收敛的趋势。其中，东北地区和西部地区的贸易成本高于全国平均水平，东部地区和中部地区的贸易成本低于全国平均水平。东部地区的基础设施水平最高，但该地区的贸易成本不是最低的，虽然中部地区基础设施水平最低，但该地区的贸易成本却是全国最低的，这意味着我国的基础设施已经表现出拥挤性的特征，因消费者规模的扩大而产生了负的外部性。

第三，从实证结果来看，我国的基础设施建设的确表现出拥挤性的特征。进一步地，能源基础设施的改善能够显著地降低地区间贸易成本，而交通运输和邮电通信基础设施则主要是通过促进能源基础设施水平的提高从而间接地降低地区间贸易成本。这意味着，相对于交通运输和邮电通信基础设施而言，能源基础设施是我国基础设施建设的短板。这种情况在更加注重通过基础设施建设来解决区域发展不平衡、不充分问题的中部地区、西部地区和东北地区都有明显的体现。

第四，基础设施水平的提高总体上对于降低中国市场经济的运行成本具有积极的影响，但是在观测期内表现出明显的时期差异，1998～2006 年基础设施建设水平的提高降低了省际贸易成本，贡献度为-9.76%。2007～2014 年基础设施建设水平的提高却提高了省际贸易成本，贡献度为4.64%。这意味着中国在加快基础设施建设的同时，还需要加强对基础设施建设经济效果的评估，深化对基础设施建设影响经济活动作用机制的认识。

第五，基础设施建设水平对省际贸易成本的贡献度为-5.62%，这意味着基础设施建设水平并不是影响中国经济治理水平的最主要因素。降低市场经济运行的总交易成本从而提高中国经济治理的质量和水平，还需要更多地着眼于基础设施之外的因素，尤其是要分析制度性交易成本对中国经济治理的质量和水平的影响。

第六章

私人外部治理、制度性交易
成本与经济治理的优化

中国经济治理水平的提高，一方面来自空间性交易成本的下降，另一方面来自制度性交易成本的下降。通过第四章和第五章的研究可以得到一个初步的结论是，制度性交易成本的下降在中国经济治理水平的提高方面发挥更为重要的作用。本章将对中国经济治理机制的优化路径做进一步的理论研究，并通过实证研究综合分析各种经济治理机制在其中所发挥的作用。

第一节　从关系型治理向规则型治理转型的最优化分析

从基于非正式制度的关系型治理向基于正式制度的规则型治理转型，是中国在转型的深化和完善阶段所面临的重要任务。在经济学研究中，已经有学者注意到了关系型治理在经济发展中的作用。[1] 也有学者进一步指出了从关系型治理向规则型治理转型的必要性。栗树和（2003）认为，东亚奇迹与经济发展初期关系型治理所发挥的巨大作用是分不开的，处于经济起飞阶段的东亚各国通常都缺乏足够的能力来建立一个"法制为本"的制度，然而幸运的是，在市场规模尚小、参与人很少的情况下，关系型治理相对于规则型治理具有更低的平均交易成本，因此，东亚经济得以在基于关系的治理模式下实现起飞。但是，随着经济的发展，市场规模不断扩

---

① Rawski, Thomas. Human Resources and China's Long Economic Boom [J]. *Asia Policy*, 2011 (12): 33-78. Brandt, Loren and Ma, Debin and Rawski, Thomas. From Divergence to Convergence: Re-evaluating the History Behind China's Economic Boom [J]. *Journal of Economic Literature*, 2014, 52 (1): 45-123.

大，此时规则型治理就显示出更大的优越性，治理模式越来越需要向规则型治理转变。转型时机与方式选择的不当是导致东亚危机的主要原因。[1] 王永钦（2009）认为，从计划经济向市场经济的转型，在微观机制上就是由高度互联的关系型合约向低互联度的正式合约的转变。[2] 在本节中，我们将从微观主体对合约形式的选择行为入手，建立一个最优化模型来研究从关系型治理向规则型治理转型的最优条件和策略，并讨论了其现实意义。

一、关系型治理与规则型治理的交易成本

在第三章的分析中，我们基于中国经济市场化的现实国情，把交易成本分为空间性交易成本和制度性交易成本两部分。如图 6-1 所示，空间性交易成本会影响市场交易频率，当基础设施能够支撑相应的市场规模从而没有产生拥挤性时，空间性交易成本为 0，经济治理机制的转型主要表现为从关系型治理向基于法律的正式治理转变，从而降低制度性交易成本。但当基础设施建设滞后于市场规模的扩张从而基础设施的使用产生拥挤性时，空间性交易成本不再为 0，基础设施就会因成为市场规模进一步扩大的制约而影响市场交易的频率，进而影响经济治理机制的转型。此时经济治理机制的优化既需要降低空间性交易成本，也需要降低制度性交易成本。

我们在第五章中已经讨论了基础设施建设对于降低空间性交易成本，从而提高市场交易频率的影响。作为逻辑的延续，我们在这里把市场交易频率的提高作为分析前提，从而在空间性交易成本为 0 的前提下把分析的重点聚焦在经济治理机制转型对于降低制度性交易成本的影响上。具体来说，在中国经济市场化的初期，市场规模有限，基于法律的正式治理的运

① Li, Shuhe. Relation-based Versus Rule-based Governance：An Explanation of the East Asian Miracle and Asian Crisis ［J］. *Review of International Economics*，2003，11（4）：651-673.
② 王永钦. 大转型：互联的关系型合约理论与中国奇迹 ［M］. 上海：格致出版社，上海人民出版社，2009.

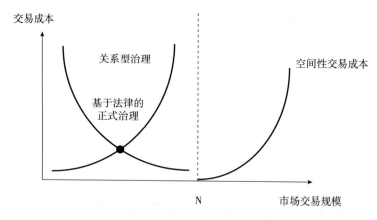

图 6-1 交易成本中国经济治理优化

行成本很高，而关系型治理的运行成本很低，因而在中国市场经济从无到有的过程中，关系型治理作为最重要的制度支撑发挥了无可替代的作用。但随着市场规模的扩大，在市场经济从小到大的过程中，关系型治理的运行成本逐渐上升，基于法律的正式治理的运行成本逐渐下降，因而经济治理机制需要从关系型治理向基于法律的正式治理转型，从而降低市场经济的运行成本。

基于法律的正式治理属于规则型治理的一种①，其执行机制是违约后法律的制裁将使违约得不偿失。这一机制的成功运行需要有两个重要条件：首先，交易双方的信息必须是法庭能够验证的。也就是说，法庭所掌握的合约相关信息不能少于各当事人，这是法庭做出公正裁决的必要条件。然而，对信息结构的这种要求事实上是很高的，当纠纷发生时，双方出于机会主义的动机会倾向于隐藏信息，并且，很多信息本身是不可验证的。无法公正解决的纠纷可能使强势一方的违约变得有利可图。这说明，并不是所有的交易都能够通过正式合约来保证实施。其次，合约的实施有赖于一个运行良好的法律体系。只有当交易的双方都相信违约后将受到法律的制裁、从而付出代价巨大时，正式合约才能有效规约交易。

---

① 由于政府监管也可以通过制定规则并运用国家强制力来保障规则的执行，因而政府监管也属于规则型治理，对于政府监管和基于法律的正式治理的区别，我们将在第二节分析。本节的分析主要围绕用于基于法律的正式治理展开，但也同样适用于政府监管。

这需要投入很高的成本，包括起草、解释和执行各项法律条款和条文，培训雇用法庭和律师人员及建立司法、行政、立法的各权力机关并维护其运转等。

用 C_0 表示每一期正式制度在运转过程中产生的成本[①]，显然，这一成本将随着正式制度的完善而增大[②]。但在规则型治理下单位交易的边际成本却很低。一方面，因为近乎标准化的合约很容易在这些法律制度下实施；另一方面，正式合约的建立对信息量的要求并不像关系型合约那样高。用 s 表示这一很低的边际成本，那么，当采用规则型治理的交易数量为 n_F 时，正式合约的社会交易成本 C^F 就表示为：

$$C^F = C_0 + sn_F \tag{6-1}$$

关系型合约是依靠固定主体的长期重复博弈来实施的。根据博弈论的思想，长期重复博弈能形成一个合作性均衡，因为触发策略的实施将使违约方失去未来的全部合作剩余，只要全部剩余的现值大于违约诱惑，关系型合约就能形成一个自我实施的均衡，而不需要诉诸第三方。这降低了合约实施对信息结构的要求，从而使关系型合约具有较正式合约更广泛的适用范围。[③] 同时，关系型合约的建立并不像正式合约那样可以在短期内完成，而是在双方经历了一段时间的磨合，从而对对方的交易信用和声誉、财务状况和利润前景及违约发生后的追索和惩罚方式等信息有了较为全面的了解后，在相互信任的基础上实现的。可见，关系型合约的建立需要投入很高的信息成本。

关系型合约的执行机制意味着在这种治理模式下，交易对象的转换存在很大障碍：一方面，与新交易者建立关系型合约意味着现有合约的交易信息将失去价值，获取新的信息需要再次投入很高的信息成本。另一方

---

① 包括执行和修订各种法律条款和条文，培训和雇用律师人员，维护司法、行政、立法的各种权力机关运转等。由于建立法律基础设施的成本属于沉没成本，因此，我们在比较转型前后各期的社会总交易成本时不予考虑。

② C_0 的具体函数形式涉及微观主体对正式制度的选择，我们将在第三部分讨论作进一步的讨论。

③ 但需要指出的是，本书主要研究关系型治理向规则型治理的转型，因此，我们关心的事实上是两种合约都可以有效治理的交易集合。

面，由于信息不对称的存在，建立新交易存在一定的风险，因为放弃现有合约意味着双方交易的永远结束，如果对新交易的预期不准确导致合作由于对方的违约而失败，或实际收益比原来下降了，交易者将遭受损失。如此高的转换成本（用 T 表示）使得在关系型治理下，交易者面对能使其获得更高效用的交易时，并不能自由转换交易对象以获得更高的合作剩余，从而使大量交易被锁定在低效率状态，这种效率损失构成了关系型合约的社会交易成本。

我们将微观主体面对具有更高合作剩余的交易时的选择方式表述如下：用 $\bar{S}$ 表示现有交易每一期的合作剩余，用 S^* 表示效率最高的交易每一期的合作剩余[①]，设贴现率为 δ，从而维持现有交易的未来总剩余为 $\sum_{t=0}^{\infty} \delta^t \bar{S} = \frac{1}{1-\delta}\bar{S}$，与新交易者交易的未来总剩余为 $\frac{1}{1-\delta}S^*$，那么转换交易对象的收益即为 $\frac{1}{1-\delta}(S^* - \bar{S})$。交易者将权衡转换交易对象的成本与收益以决定是否与新的交易者建立关系型合约：显然，当 $\frac{1}{1-\delta}(S^* - \bar{S}) > T$ 时，交易者将放弃现有交易而与效率更高的交易者建立关系；反之，交易者将维持现有的关系型合约，社会在每期将承受 $S^* - \bar{S}$ 的效率损失。

由以上分析可知，当更高的合作剩余 S^* 使 $\frac{1}{1-\delta}(S^* - \bar{S}) > T$ 时，现有交易将为这一具有更高合作剩余的交易所替代。因此，在一个关系型治理的社会中，所进行的任何一个交易 i 都将满足 $0 \leqslant \frac{1}{1-\delta}(S^* - \bar{S}_i) \leqslant T$。图 6-2 刻画了这一关系。

----

① 这种设定的合理性在于：根据王永钦（2006）的观点，虽然关系型合约可以将单期的损失在后续期弥补，从而每一期的合作剩余不一定相等，但根据博弈论的思想，假定双方都是风险中性的，那么交易者在当期直接接受的补偿和从后续均衡中得到的补偿是等价的，因此，总可以在各期之间来熨平他们之间的转移支付和行动，从而总是可以得到有着相同行动和收益的静态合约。王永钦. 市场互联性、关系型合约与经济转型 [J]. 经济研究，2006（6）.

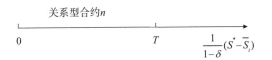

图6-2　关系型治理下的社会所进行的交易

当交易数量为 n 时，社会每期承受的效率损失为 $\sum_{i=1}^{n}(S^{*}-\overline{S_i})$ ，这构成了关系型合约的社会交易成本。为简化起见，我们假定 $\frac{1}{1-\delta}(S^{*}-\overline{S_i})$ 在 $[0，T]$ 上服从均匀分布从而其平均值为 $\frac{1}{2}T$ ，那么关系型合约的社会交易成本 C_0^R 就是：

$$C_0^R = \frac{n}{2}T(1-\delta) \tag{6-2}$$

需要说明的是，在式（6-2）中转换成本 T 的大小与社会信息传递的完整性和有效性及社会对长期关系的偏好有关：信息传递的完整性和有效性越强，大量信息就可以以较低的成本获得，这降低了信息成本和风险的大小，从而转换成本就越小；而当人们更加偏好长期关系、认为放弃现有的关系型合约是不道德的事情时，转换交易对象将造成其心理上的负罪感，从而降低其效用，这可以视为是转换成本的增加。因此，信息传递的完整性和有效性越强、社会对长期关系的偏好越弱，转换成本 T 就越小。

在以上分析中，社会交易完全采用关系型治理，这是本书对从关系型治理向规则型治理转型进行讨论的逻辑起点，治理模式的转型是在社会总交易成本 $C=C_0^R$ 的基础上展开的。

二、治理转型的优化模型

正式制度必须被交易者使用才算真正发挥了作用，因此，我们首先分析正式制度建立起来之后，交易者在面对具有更高合作剩余的交易时是怎样进行选择的。

使用关系型合约的交易者与新交易对象建立正式合约的成本由两方面构成：首先，采用正式合约存在一定的风险 h，例如，纠纷无法被公正裁决、法律体系的运行速度缓慢等，正式制度越完善风险 h 就越小。用 q 表示正式制度的完善程度，则 $h(q)$ 为 q 的减函数。其次，使用正式合约需要在每期都支付式（6-1）中的边际成本 s。而关系型合约的自我实施性将使继续使用现有合约的边际成本微乎其微（假设这一很小的成本已在前期支付完毕），因此，未来总边际成本 $\sum_{t=0}^{\infty} \delta^t s = \frac{1}{1-\delta} s$ 就成为与新交易对象建立正式合约的另一项成本。权衡成本与收益，交易者将在 $\frac{1}{1-\delta}(S^* - \bar{S}_i) > h(q) + \frac{1}{1-\delta} s$ 时放弃现有关系型合约，与效率更高的交易者建立正式合约。由此得到命题1：

【命题1】只有所建立的正式制度能使交易者通过使用正式合约获得更高的合作剩余时，交易者才有动机转而采用正式合约。

由于在关系型治理的社会中，所有交易均满足 $0 \leqslant \frac{1}{1-\delta}(S^* - \bar{S}_i) \leqslant T$，因此，如果所建立的正式制度使 $h(q) + \frac{1}{1-\delta} s < T$，那么满足 $h(q) + \frac{1}{1-\delta} s < \frac{1}{1-\delta}(S^* - \bar{S}_i) \leqslant T$ 的交易 i 将转而采用正式合约与效率更高的交易者进行。图6-3刻画了这一过程。

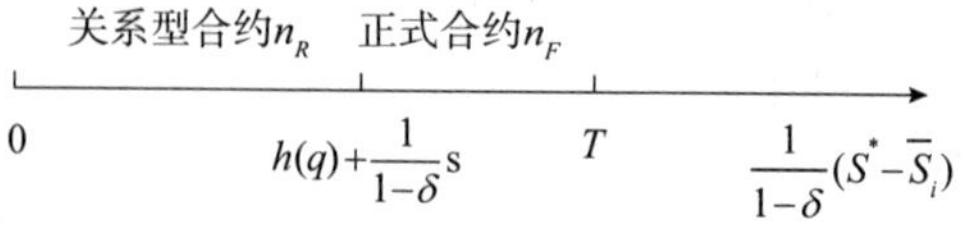

图6-3 正式制度建立后正式合约与关系型治理的交易

一方面，设交易量为 n、正式制度的完善程度为 q 时，满足 $h(q) + \frac{1}{1-\delta} s < \frac{1}{1-\delta}(S^* - \bar{S}_i) \leqslant T$ 的交易量为 n_F，其余 $n_R = n - n_F$ 个交易［满足

$0 \leqslant \dfrac{1}{1-\delta}(S^* - \bar{S}_i) \leqslant h(q) + \dfrac{1}{1-\delta}s$] 继续使用关系型合约，社会每期的

效率损失为 $\displaystyle\sum_{i=1}^{n_R}(S^* - \bar{S}_i)$。由于假定 $\dfrac{1}{1-\delta}(S^* - \bar{S}_i)$ 在 $[0, T]$ 上服从均

匀分布，因此，对应的交易数量应该是与区间长度成比例的，即有

$\dfrac{h(q) + \dfrac{1}{1-\delta}s}{T} = \dfrac{n_R}{n}$，于是，使用关系型合约的交易量 n_R 为：

$$n_R = \frac{h(q) + \dfrac{1}{1-\delta}s}{T}n \tag{6-3}$$

使用正式合约的交易量 n_F 为：

$$n_F = \left(1 - \frac{h(q) + \dfrac{1}{1-\delta}s}{T}\right)n \tag{6-4}$$

同时，如果在 $\left[0, h(q) + \dfrac{1}{1-\delta}s\right]$ 上 $\dfrac{1}{1-\delta}(S^* - \bar{S}_i)$ 的平均值为

$\dfrac{1}{2}\left[h(q) + \dfrac{1}{1-\delta}s\right]$（根据均匀分布假设），那么社会每期的效率损失

$\displaystyle\sum_{i=1}^{n_R}(S^* - \bar{S}_i)$，即关系型合约的社会交易成本就是：

$$C^R = \frac{n_R}{2}\left[h(q) + \frac{1}{1-\delta}s\right](1-\delta) \tag{6-5}$$

另一方面，当所建立的正式制度使 $h(q) + \dfrac{1}{1-\delta}s > T$ 时，由于使用正

式合约的成本过高，正式制度的建立并不能吸引任何交易采用正式治理。

在一个理性的社会中，这种低质量的制度建设并不会发生。如果 $q = q_0$ 时，

$h(q_0) + \dfrac{1}{1-\delta}s = T$，由于 $h(q)$ 是 q 的减函数，正式制度的完善程度必须达

到 $q > q_0$，才能吸引部分交易使用正式合约，也即 q_0 是 q 变动的最小值。

为简化分析，不妨假设这一最小值为零 $\left[h(0) = T - \dfrac{1}{1-\delta}s\right]$，并将 $h(q)$

表示成 q 的线性函数形式：

$$h(q) = -q + (T - \frac{1}{1-\delta}s)\,,\, 0 \leq q \leq T - \frac{1}{1-\delta}s \qquad (6\text{-}6)$$

这事实上相当于从风险函数中截取了我们所关心的、能使正式制度得到使用的一段。当 $q = T - \frac{1}{1-\delta}s$ 时，采用正式制度的风险 $h(q) = 0$，可将这一点作为制度完善程度的最大值，q 从 0 到 $T - \frac{1}{1-\delta}s$ 表示正式制度由不完善到完善的过程。由于我们将使 $h(q_0) = T - \frac{1}{1-\delta}s$ 的 q_0 假定为 0，因此，q 的大小是相对于 $T - \frac{1}{1-\delta}s$ 而言的，$T - \frac{1}{1-\delta}s$ 越大，所观察的 q 的变化范围（ $0 \leq q \leq T - \frac{1}{1-\delta}s$ ）就越大。

假设 $q = 0$ 时正式制度的运转成本为 $\dfrac{d}{T - \frac{1}{1-\delta}s}$，$q > 0$ 时正式制度运转的边际成本为 $\dfrac{e}{T - \frac{1}{1-\delta}s}$（$d$、$e$ 均为大于零的常数）①。于是，运转成本 C_0 就可以表示为 q 的一个线性函数：

$$C_0 = \frac{1}{T - \frac{1}{1-\delta}s}(d + eq)\,,\, q \geq 0 \qquad (6\text{-}7)$$

转型后社会的总交易成本 C 是两种合约社会交易成本的和，即：

$$C = C^R + C^F \qquad (6\text{-}8)$$

把式（6-1）及式（6-3）至式（6-7）代入，可将转型后的社会总交易成本表示为交易量 n 和正式制度完善程度 q 的函数：

---

① 该假定的合理性在于：我们在计算实际制度完善程度对应的运转成本时，必须剔除 $T - \frac{1}{1-\delta}s$ 大小的影响。

$$C(n, q) = \frac{(1-\delta)n}{2T}(T-q)^2 + \frac{1}{T - \frac{1}{1-\delta}s}(d+eq) + \frac{sn}{T}q \quad , \quad q \geqslant 0$$

$$(6\text{-}9)$$

给定关系型治理下的交易量 n，拟转型的理性社会应选择完善程度 q^* 以使转型后的社会总交易成本最小，即：

$$q^*(n) = \arg\min_q C(n, q) \qquad (6\text{-}10)$$

将式（6-9）代入式（6-10）得到 q^* 与 n 的关系：

$$q^*(n) = -\frac{eT}{[T(1-\delta)-s]n} + T - \frac{s}{1-\delta}, \; n \geqslant \frac{eT(1-\delta)}{[T(1-\delta)-s]^2}$$

$$(6\text{-}11)$$

其中，$n \geqslant \dfrac{eT(1-\delta)}{[T(1-\delta)-s]^2}$ 是因为 q^* 必须满足 $q^* \geqslant 0$。

由式（6-11）得到命题 2：

【**命题 2**】使转型后社会总交易成本最小的正式制度完善程度，随交易量 n 的增加而提高，并逐渐趋近于最大值 $T - \dfrac{s}{1-\delta}$。

将式（6-11）分别代入式（6-4）和式（6-3）可知，转型后的社会交易中，使用正式合约的比例为：

$$\frac{n_F}{n} = 1 - \frac{s}{T(1-\delta)} - \frac{e}{[T(1-\delta)-s]n} \qquad (6\text{-}12)$$

使用关系型合约的比例为：

$$\frac{n_R}{n} = \frac{s}{T(1-\delta)} + \frac{e}{[T(1-\delta)-s]n} \qquad (6\text{-}13)$$

可见，转型时交易量 n 越大，转型后关系型合约的比重越小、正式合约的比重越大。

将式（6-11）代回式（6-9）就得到 n 一定时，遵循最优策略的转型完成后社会的总交易成本 $C(n, q^*)$：

$$C(n, q^*) = ns - \frac{ns^2}{2T(1-\delta)} + \frac{d(1-\delta)+eT(1-\delta)-es}{T(1-\delta)-s} - \frac{e^2T(1-\delta)}{2[T(1-\delta)-s]^2 n}$$

$$(6\text{-}14)$$

一个关系型治理下的社会是否应当向正式治理转型，取决于转型后的社会总交易成本与转型前的比较，只有当治理模式的转型能够给社会带来一定的收益时，转型才是社会的理性选择。用 G 表示转型的社会收益，显然 $G = C_0^R - C(n, q^*)$，将式（6-2）和式（6-12）代入式（6-14）得到：

$$G(n) = \frac{n}{2}T(1-\delta) - ns + \frac{n s^2}{2T(1-\delta)} - \frac{d(1-\delta) + eT(1-\delta) - es}{T(1-\delta) - s}$$
$$+ \frac{e^2 T(1-\delta)}{2[T(1-\delta) - s]^2 n} \tag{6-15}$$

社会在 $G(n) \geq 0$ 时才有必要进行治理模式的转型，求解该式可知，转型的必要条件在 $n \geq n^*$ 处达到，其中：

$$n^* = \frac{\left[\dfrac{d(1-\delta)}{T(1-\delta) - s} + e\right] + \sqrt{\dfrac{2de(1-\delta)}{T(1-\delta) - s} + \dfrac{d^2(1-\delta)^2}{[T(1-\delta) - s]^2}}}{\left[\sqrt{T(1-\delta)} - \dfrac{s}{\sqrt{T(1-\delta)}}\right]^2} \tag{6-16}$$

图 6-4 刻画了 $G(n)$ 随 n 的变化情况，其中，$n_0 = \dfrac{eT(1-\delta)}{[T(1-\delta) - s]^2}$ 所对应的正式制度最优完善程度刚好达到能被交易者利用的临界点 $[q^*(n_0) = 0]$，于是我们得到命题 3：

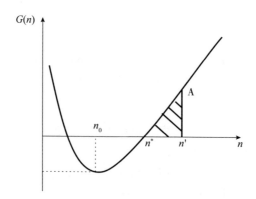

图6-4　转型社会收益的动态变化

【命题 3】 在大于 n_0 的交易量下，使转型后社会总交易成本最小的正式制度完善程度，都可以吸引部分交易采用正式合约。但在 $n_0 < n < n^*$ 的范围内，转型反而提高了社会总交易成本，此时关系型治理是较正式治理更优的治理模式。只有在 $n \geq n^*$ 的情况下，治理模式的转型才能降低社会总交易成本，从而社会才满足了关系型治理向正式治理转型的必要条件。

进一步地，如果转型在 $n > n^*$ 的任意一点（如 n'）进行，那么在 $n^* < n < n'$ 时，社会在可以通过转变为正式治理来降低总交易成本的情况下，仍然维系了关系型治理，因而损失了相当于区域 An^*n' 面积的机会成本。而最优的转型应当尽量避免机会成本的损失，于是，我们得到命题 4：

【命题 4】 转型的最优条件在使机会成本为零的交易量 n^* 下达到。最优的转型应在交易量为 n^* 时建立完善程度为 $q^*(n^*)$ 的正式制度，转型后使用关系型治理与使用正式治理的交易所占比重分别为 $\dfrac{n_R}{n^*}$ 和 $\dfrac{n_F}{n^*}$。

将式（6-16）分别代入式（6-11）至式（6-13），我们就能确定在一定的社会条件下（给定各参数值），关系型合约向正式合约转型的最优条件与策略及转型后的社会状态。对于错过了最优条件的转型，我们也可以通过式（6-11）确定一个次优的策略，即通过选择 $q^*(n)$ 使转型后的社会总交易成本最小。

三、模型的现实意义

结合上一部分模型分析得到的四个命题，我们从以下三个方面进一步讨论模型的现实意义：

（1）关系型治理向规则型治理转型的核心是，正式制度的建立使交易者能够通过使用正式合约获得更高的合作剩余。这个结果有利于更深入的理解治理模式的转型。我们的分析表明，关系型合约的社会交易成本其实质在于，极高的转换成本阻碍了现有交易向更高效率交易转化。

正式制度的建立如果能使使用正式合约的成本小于使用关系型合约的成本，就会吸引新的交易采用正式合约；同时现有的部分交易也可以通过使用正式合约实现向更高效率交易的转换，社会借以实现向正式治理的转型。这样的理解有利于我们对转型的要求、方式及结果做出更科学合理的安排。

首先，实现向正式治理的转型，要求所建立的正式制度必须达到一定的完善程度。因为当正式制度的完善程度很低从而使用正式合约需要承担很大的风险时，对于微观主体来说，他们宁愿继续使用关系型合约。因此，尽管很多国家也颁布了各种法律条款和条文、拥有法庭及各种专业人员、设有司法、行政、立法的各权力机关等，但由于这些制度非常不完善，例如，腐败与"寻租"活动肆虐难以保证裁决的公正性、法律体系效率低下难以满足现实需要等，在这些国家正式制度事实上形同虚设，真正起作用规约社会交易的仍然是关系型合约。因此：

【推论1】各种法律硬件设施的简单引入相对于实现转型的要求来说是远远不够的，只有切实地提高司法与执法的质量、提升法律体系的运行效率，才能使一国社会真正实现从关系型治理向正式治理的转型、进而迈向现代化的发展道路。

其次，从转型方式来看，由于治理模式转型的实质在于人们对正式合约的使用，这就决定了关系型治理向正式治理的转型不是一项机械的技术性工作，而是与微观主体的选择密切相关的。因此：

【推论2】最优的转型必须通过渐进的方式（而非运动式的改革），在对微观主体的利益进行充分考虑的基础上平稳推进。

这意味着在转型的同时应适当维护关系型合约所赖以发挥作用的制度基础和微观技术基础，例如，不急于放开市场、适度保持社会的低流动性、在制度上允许经济主体自由选择合约执行方式等，以保证转型平稳进行。

最后，转型时间与策略的不同将影响微观主体对合约形式的选择，从而影响转型的结果。这一点可以从式（6-12）和式（6-13）中看到：交易量越大，遵循最优策略的转型完成后，关系型合约所占比重越小、正式合约所占比重越大。因此：

【推论 3】由于各国的社会条件不同，转型的时间与策略也就不同，从而转型的结果也必然是不同的，这决定了转型的进行应充分考虑一国的具体情况，而不能照搬别国经验。

（2）关系型治理向正式治理转型要遵循最小化社会总交易成本的原则，即根据交易量 n 选择最优的正式制度完善程度 $q^*(n)$。这个结果具有一般性。特别是对于错过了转型最优条件的社会，为了避免机会成本的进一步损失，也应按照以上原则进行转型，从而获得一个次优的结果。通过 $q^*(n)$ 的数学表达可以看出，最优完善程度随交易量的增加而提高，并在交易量很大时，趋于制度完善程度的最高界限。因此：

【推论 4】错过了转型最优条件的社会应尽快实现治理模式的转型，转型越是被推迟，所应建成的正式制度就越完善，当转型被严重推迟时，所需的正式制度完善程度将趋于其最高界限。

（3）关系型治理向正式治理转型的最优条件是社会交易量为 n^*：当交易量小于 n^* 时，转型将提高社会总交易成本；当交易量大于 n^* 时，转型的推迟将使社会承担机会成本损失。在最优条件下，转型的最佳策略是使正式制度的完善程度 $q = q^*(n^*)$。

虽然在现实中，与发达国家相联系的往往是正式治理，但这并不意味着正式治理在任何情况下都优于关系型治理、更有利于经济发展。事实上，在经济发展的早期阶段、交易量较小时，关系型治理下的社会总交易成本更小。只有随着经济的发展、交易量的增大使正式治理能够降低社会总交易成本时，向正式治理的转型才成为必要。也就是说：

【推论 5】关系型合约与正式合约的不同性质决定了两种治理模式有其各自的适用范围，一国应根据现有的社会发展阶段，选择能最小化社会总交易成本的治理模式。

另外，从转型最优条件与策略的一般化数学表达可以看出，最优的条件与策略是与一定的社会条件相关的。不同参数值（包括 T、d、e、δ）下转型的最优条件与策略不同，因此，不存在一个通用的最佳转型时机与方式，不同国家必须根据本国的社会条件对转型做出合理的安排。

第二节　中国经济治理机制的优化路径

经济治理理论研究的一个重要启示就是，法律作为正式制度，虽然是最重要的经济治理机制，但却不是唯一的经济治理机制，法律与其他经济治理机制之间存在复杂的替代关系和互补关系，这意味着虽然法治化、规范化是中国经济治理机制的优化方向，但这却不单纯是法律对其他经济治理机制的完全替代，而是要综合运用多种经济治理机制构建起系统完备、科学规范、运行有效的制度体系，从而降低市场经济的运行成本，为形成统一规范、竞争有序的市场体系提供制度支撑。

一、法律和政府监管的替代和互补

法律是最重要的正式制度之一。使市场交易的规约从主要依靠关系等非正式制度，向主要依靠程序化、规范化的正式制度转变，是转型国家进一步推进经济市场化所面临的共同任务。从俄罗斯及东欧国家法制建设的教训来看，其中的一个主要问题就是没有注意到法制供给的时机选择问题和方式选择问题，在没有足够的法制需求的情况下就着手建立正式法律制度。对此，应当强调以下两点：

第一，建立健全法制不是一个短期的过程。俄罗斯及东欧国家法制建设的实践表明，决定法制建设成败的关键是"字面上的法律"（Law in Book）转化为"行动上的法律"（Law in Act），忽视法律需求的法律供给难以达到预期目的。因此，加快立法仅仅是改善经济治理的一个方面。此外，目前的文献主要集中在如何尽快形成好的法律，而事实上好的法律通常都是逐渐从不完善走向完善的。因而决定法制建设成功的关键，是看其在发展的过程中是否有能力解决不断出现的新问题。这意味着成功的法制建设需要建立一个有效的机制来推动法律适应不断变化的环境，逐渐从不完善走向完善。①

第二，在现实中法律不能规约所有的市场交易。由皮斯托（2002）和许成钢（2003）提出的"不完备法律理论"（Incomplete Law Theory）认为，由于法律需要被设计为长期适用于大量的对象，并且要涵盖大量迥然不同的案件，而立法者却不能预见未来所有可能的事件，所以法律具有内在的不完备性，即无法准确无误地规定出所有相关的使用情况。他们区分了法律不完备性的两种情况：一种是法律没有对特定行为进行界定或仅列举了少数行为，使对行为结果的限定很宽泛；另一种是法律虽然明确了应予制止的行为，却不能涵盖所有相关行为。他们认为，法律的不完备性对立法和执法制度的设计有深刻的影响。在高度不完备的法律制度下，如果损害行为能加以标准化，并且该行为继续下去会产生大量的外部性，此时监管优于法庭。因为监管者能够更灵活地随时间推移而修改法律，并进行主动式执法。②

第三，从另一个角度来看，当合约较为复杂时，对法律规则的解释和适用需要投入更多的精力，此时法庭是否有动力和激励去核实法律细则也是一个问题。因为如果缺乏激励，法庭很可能会推迟裁定，或者干脆放纵可能的违规违约者。Glaeser、Johnson 和 Shleifer（2001）研究认为，由法庭执法的一种替代策略是由监管者执法。由于法庭的设置更为独立因而难以驱动，因而与法庭相比，监管者较容易有惩罚违规者的激励，其好处在于他们执法比法庭更为积极，但潜在的成本是因为他们有动机去发现违规而采取过度激烈的做法使无辜者受到惩罚。因此，在法庭和监管者之间有这样的权衡：法庭执法激励较弱但没有扭曲，监管者执法激励较强却可能发生扭曲。他们的研究结论是，当执法需要投入较大成本来收集证据时，

① Pistor, Katharina, Yoram Keinan, Jan Kleinheisterkamp, and Mark West. The Evolution of Corporate Law: A Cross-Country Comparison [J]. *University of Pennsylvania Journal of International Economic Law*, 2002, 23 (4): 791-871.

② Pistor, Katharina and Chenggang Xu. Incomplete Law [J]. *Journal of International Law and Politics*, 2003, 35 (4): 931-1013.

监管者执法将比法庭执法更加有效。[①]

Pistor 和 Xu（2003）及 Glaeser、Johnson 和 Shleifer（2001）的研究，都指出了政府监管对于经济治理的重要意义。政府作为监管者，可以在准入限制、行业规范、经济监督和行政处罚等方面发挥作用，从而规约市场交易。但从另一个方面来看，政府监管不能长期替代执法。[②] 法律薄弱也可能会导致政府管制原定目标的偏离和扭曲，从而形成权力外的"软约束"或者"隐形契约"。[③] 另外，还有大量的研究指出，中国政府出于地方保护主义采取的管制措施是造成贸易障碍和市场分割的重要原因。[④]因此，好的政府监管不仅要求是有效的，还要求是公平的，从而避免出现"掠夺之手"（Grabbing Hand），这意味着政府应该在法律允许的范围内依法行政。North（1981）在对经济史上的制度变迁的研究中指出，国家在有能力解决机会主义行为并实现规模经济的同时，也具有了可以最大化其垄断租金从而使经济体制处于低效率状态的能力，这就是著名的诺斯悖论。[⑤] 为了化解诺斯悖论，诺斯及其合作者认为，必须建立足够强大的独立司法体系以限制政府对工商业者的违约能力。他们认为，英国在 1688 年进行的光荣革命成功地建立了对王权单方面剥夺所有权的限制，使政府得以切实可

① Glaeser, Edward and Johnson, Simon and Shleifer, Andrei. Coase Versus Coasians [J]. *Quarterly Journal of Economics*, 2001, 116 (3): 853-899.

② Xu, Chenggang. The Fundamental Institutions of China's Reforms and Development [J]. *Journal of Economic Literature*, 2011, 49 (4): 1076-1151.

③ 章奇，刘明兴，单伟. 政府管制、法律软约束与农村基层民主 [J]. 经济研究，2004 (6). 陈冬华，章铁生，李翔. 法律环境、政府管制与隐性契约 [J]. 经济研究，2008 (3).

④ Young, Alwyn. The Razor's Edge: Distributions and Incremental Reform in the People's Republic China [J]. *Quarterly Journal Economics*, 2000, 115 (4): 1091-1135. 银温泉，才婉茹. 中国地区间市场分割成因和治理 [J]. 经济研究，2001 (6). 白重恩，杜颖娟，陶志刚等. 地方保护主义及产业地区集中度的决定因素和变动趋势 [J]. 经济研究，2004 (4). Poncet, Sandra. A Fragmented China: Measure and Determinants of Chinese Domestic Market Disintegration [J]. *Review of International Economics*, 2005, 13 (3): 409-430. 行伟波，李善同. 地方保护主义与中国省际贸易 [J]. 南方经济，2012 (1).

⑤ North, Douglas. *Structure and Change in Economic History* [M]. W. W. Norton, New York, 1981.

信地承诺保护产权，这是西方世界兴起的关键。①

第四，政府监管也面临着与法律类似的问题，即要求所依据的信息是可证实的（Verifiable）。按照 Schwartz（1992）的定义，信息是可证实的意味着它可以被观察到，也能够以经济的方式向其他人证明。如果向第三方证明的成本超过收益，此时信息仅是可观察的，而无法写入一个可以实施的合约中。② 而且，即使信息是可证实的，由于市场交易很可能涉及各个领域的专业知识，政府是否有能力进行验证也值得怀疑。

第五，在从关系型治理向基于法律和政府监管等正式制度的规则型治理转型的过程中，正式制度的完善有可能会在短期内造成关系型治理机制的弱化。换句话说，从关系型治理到规则型治理的转型过程中，可能会出现治理真空。这是因为，规则型治理为关系型治理的参与者提供了在关系之外进行交易的可能性。规则型治理需要根据可证实信息进行仲裁，关系型治理下参与者则是根据可观察信息进行决策的。并且在一般情况下，可证实信息要少于可观察信息，这意味着即使在规则型治理对违约者的惩罚很可能会小于关系型治理，从而增大了相关参与者破坏关系型治理的可能性。③

二、私人外部治理与经济治理机制的平滑转型

"私人外部治理"可以解决在认知体系上具有较大差异的大量交易者

---

① North, Douglas and Thomas, Robert. *The Rise of the Western World: A New Economic History* [M]. Cambridge University Press, 1973. North, Douglas and Barry Weingast. Constitutions and Commitment: The Evolution of Institutions Governing Public Choice in Seventeenth-Century England [J]. *Journal of Economic History*, 1989 (49): 803-832.

② Schwartz, Alan. Relational Contracts in the Courts: an Analysis of Incomplete Agreements and Judicial Strategies [J]. *Journal of Legal Studies*, 1992 (21): 271-318.

③ 可以通过第二章的模型来说明。在关系型治理中，如果参与人 1 在与参与人 2 的市场交易中选择欺骗，其净收益为 $D_1-H_1-r(H_1-C_1)$。假定参与人 1 在和参与人 2 的关系破裂后，还可以与参与人 3 在规则型治理下进行市场交易，并且参与人 1 依然选择欺骗，那么他的净收益将是 $D_1-\theta-H_1$。值得注意的是，θ 由可证实信息决定，$r(H_1-C_1)$ 由可观察信息决定，而可证实信息一般来说会少于可观察信息，因而 $r(H_1-C_1)$ 可能会大于 θ。所以，$D_1-\theta-H_1$ 很可能会大于 $D_1-H_1-r(H_1-C_1)$，这个结果增加了参与人 1 破坏关系型治理的可能性。

之间不经常的双边交易。从理论上来说，只要有关交易者违约的信息可以传递到他的潜在交易伙伴，那么潜在交易伙伴的抵制就会成为他欺骗行为的可置信威胁。私人外部治理就是由私人第三方作为信息中介和仲裁机构的经济治理机制。其运作机制是，私人第三方作为一个利润导向型组织，可以收集交易者的交易信息，并在收取费用后将信息提供给想查询其合作伙伴交易历史的人员。在市场交易中，如果有参与者对其交易存在争议，私人第三方可以做出仲裁。如果有参与人违约，私人第三方将记录其信息，并将信息传递给其未来可能的交易伙伴。从这个意义上来讲，私人第三方作为一个"信息中介"，补充了关系型治理中声誉机制的作用，使集体惩罚的实现不再依赖于团体内部的信息传递网络，从而大大扩展了市场交易的范围；同时，专业化的信息中介能够提供更高质量的交易历史信息，使当事人能够对相关交易者的历史行为做出符合自身认知体系的判断，这不仅解决了交易事前信息的准确获得问题，还提高了交易者行为的灵活性，使其能更多地关注于经济效率而不是传统认知体系下他人的看法。可见，私人外部治理打破了关系对于市场交易范围的束缚、提高了交易者行为的灵活性，从而更有利于经济效率的实现。

除此之外，私人第三方还可以作为一个仲裁机构提供合约执行服务。在对纠纷的裁决上，私人仲裁机构具有相对于法庭的信息优势：私人仲裁机构按照产业、地域等进行专业化分工，拥有各个领域的专家，因而可以利用他们的专业知识降低信息收集的成本，并对相关信息做出更充分的利用和更准确的解释，因此，私人仲裁往往能够提供效率更高的纠纷解决方案。同时，私人仲裁还可以根据案件的特定情况采取适当的程序和规则，相较于法庭来说更具灵活性。而在裁决的执行上，私人仲裁则缺乏保证执行与裁决相一致的强制力，但他们可以将不履行裁决作为另一种违约行为记录下来并公之于众或直接将违抗裁决者排除在外，这在当事人足够看重未来时是一种有效的执行手段。因此，建立和发展私人外部治理对于实现中国经济治理机制的协调互补具有重要意义。

第一，建立和发展私人外部治理所需要的成本要小于法制建设的成本，在很多法制不完善的情况下，私人外部治理甚至可以由社会自发形成，因而可以弥补从关系型治理向规则型治理转型过程中的治理真空。在俄罗斯转型的实践中，当法律移植失败时，恰恰是社会自发建立的、以"黑手党"这种非政府机构为第三方的私人外部治理机制填补了俄罗斯的治理真空，在一定程度上保证了交易的执行。① 当然，与由行业协会充当第三方的私人外部治理相比，由"黑手党"作为第三方的私人外部治理在稳定性和专业性方面相去甚远，这也是俄罗斯市场经济发育不良的一个重要原因。但俄罗斯的案例表明，通过鼓励并扶持行业协会或其他社会中介组织来建立和发展私人外部治理机制是可行的。

在中国经济市场化的进程中，商会、行业协会甚至同乡会都发挥着类似的作用。例如，陈胜勇等（2004）对温州民间商会的调查研究发现，行业组织的出现和存在有利于解决企业所面临的共同问题，协调利益共同体的诉求。② 另一个有代表性的私人外部治理规约市场交易的情况就是电子商务。众所周知，电子商务的发展之所以能够大大领先于相关的法律制度建设，原因就在于像阿里巴巴这样的公司通过建立网上营销平台充当着私人第三方的角色。一方面，买家可以在网上发表有关卖家和产品信息的评论，供其他潜在购买者参考；另一方面，公司也可以发挥金融托管（Escrow）的作用，即由第三方代为保管交易资金，直到得到交易相关方的确认后再将资金转交给卖家。

第二，建立和发展私人外部治理机制可以补充关系型治理中声誉机制的作用，有助于打破关系对于市场交易范围的束缚，扩大其发挥作用的空间。私人外部治理对违规者的惩罚也更为灵活。既可以将违约者的相关信息传播出去形成集体惩罚机制，也可以将其交给法庭，由法庭进行惩罚。因此，私人外部治理可以成为从关系治理向规则型治理转型的桥梁。

---

① Jonathan R. Hay and Andrei Shleifer. Private Enforcement of Public Laws: A Theory of Legal Reform [J]. *American Economic Review*, 1998, 88（2）: 398-403. Varese, Federico. *The Russian Mafia: Private Protection in a New Market Economy* [M]. Oxford, UK: Oxford University Press, 2001. Bandiera, Oriana. Land Reform, the Market for Protection and the Origins of the Sicilian Mafia: Theory and Evidence [J]. *Journal of Law, Economics and Organization*, 2003, 19: 218-244.

② 陈胜勇，汪锦军，马斌. 组织化、自主治理与民主: 浙江温州民间商会研究 [M]. 北京: 中国社会科学出版社, 2004.

第三，私人外部治理可以与规则型治理形成互补。由私人三方作为"仲裁机构"，虽然比法庭拥有更强的收集、利用、解释信息的能力，并更具规则与程序上的灵活性，能够弥补法律的失灵，但是这要求私人第三方能够在诚实公平方面做出可置信的承诺。既不与交易者勾结隐藏他的违约信息，也不追求额外的收益。虽然从理论上来说，追求利润最大化的私人第三方有动力使自己的承诺变得可信，但实际上，当私人第三方对未来没有足够重视时，需要其他的机制来约束他的行为。因此，更有效的方式是与其他治理机制形成互补，利用法律或政府来监管私人第三方的行为，从而更好地发挥其作为"信息中介"和"仲裁机构"的作用。

Woodruff（2000）对五个东欧国家的调查研究中也发现，虽然有些国家的法律制度还不能在匿名市场上支撑起复杂的交易，但是当和非正式的信息网络结合起来后，法庭便在其中起主要作用了。他们认为，私人组织能够以较低的成本提供较多可证实的信息，使合约订立变得更完备却又不会贬低官方法庭根据公共可证实的信息解决问题的能力。功能尚缺的官方法律鼓励这样的机构使用它们的信息优势制定规则和程序，使良好的私人仲裁通过减少了企业的不诚信行为，提高了执法的质量。官方法律逐渐改善的过程反过来会降低消费者诉诸关系网络解决争端的动机，从而推动治理机制的转型。[①] Dixit（2004）认为，这为努力建立一个正式的法律制度或改进现行制度的欠发达国家和转型经济提供了一个良好的建议：初始提供一个最低程度的官方法律，承诺执行仲裁的裁决，逐渐地，官方法律能够取代这些规则。[②]

在对中国的实证研究方面，周林彬、龙强、冯曦（2013）基于供应链金融合同治理的案例研究发现，中国提供的法律规则对第三方实施具有补充功能，事实上降低了交易方讨价还价和执行合同的交易成本。首先，在"私法自治"的法律原则下，当事人可以通过排除适用（Option out）或选

---

① McMillan, John and Woodruff, Christopher. Private Order under Dysfunctional Public Order [J]. *Michigan Law Review*, 2000, 98（8）: 2421-2458.

② Dixit, Avinash. *Lawlessness and Economics: Alternative Modes of Governance* [M]. Princeton, NJ and Oxford, UK: Princeton University Press, 2004: 46-56.

择适用（Option in）法律提供的交易规则，形成满足自身需要的交易规则。其次，国家提供的法律规则免除了当事人通过谈判缔结相关规则成本。例如，中国《合同法》和《担保法》采用的不可抗辩权、抵销权、留置权相关交易规则，实际上降低了银行、借款企业和物流公司之间就相关权利义务进行条款谈判和起草合同的交易成本。[①]

第四，从经济治理的角度来看，对国家间经济活动的规约与一国内部经济活动的规约具有明显的不同。在一个国家内部，可以通过提高政府效率和降低用法成本两个方面来加强正式制度建设，从而使基于法律和政府监管等正式制度的规则型治理在产权保护、保障合约实施、提供争端解决机制方面发挥最重要的作用。但在国际间的经济活动中，基于法律和政府监管等正式制度的规则型治理对于提高经济治理水平的意义，会因以下两个原因而被削弱：

一方面，国家间的经济活动是以国家作为基本的经济单位的。在一个国家内部，制度的多样性和差异性主要体现在文化、信仰和道德习俗等非正式制度方面，在法律法规等真是制度安排上则是统一的、一致的；而对国际间的经济活动来说，不仅在非正式制度安排上存在着差异，在法律法规等正式制度安排上也存在显著的差异，甚至不存在趋同的可能性。即使在签订了双边或多边协定的国家之间，也难以建立起统一、规范的法制化营商环境，使法律法规等正式制度像在一国内部那样发挥其在规约市场经济活动方面的作用。

另一方面，在国际间经济活动中，各个主权国家的政府首要考虑的都是本国的利益，而不会像重视本国的利益那样重视其他国家的利益。不存在超国家的政府机构，像一国政府从国内经济活动的整体福利出发协调和监管本国的经济活动那样，从国际经济活动的整体福利出发协调和监管国际间的经济活动。因而政府监管作为现代市场经济中重要的经济治理机制之一，其在国际间经济活动中的作用也是有限的。即使是达成了政府间协定，也因存在着政权更迭的风险而增加了其承诺的不可信性。

---

① 周林彬，龙强，冯曦. 私人治理、法律规则与金融发展——基于供应链金融合同治理的案例研究 [J]. 南方经济，2013（4）.

尤其是对中国与"一带一路"国家的经贸合作而言，由于"一带一路"沿线国在社会文化、政治制度和法律规则方面存在极大的多样性，除了应重视基于政府间协定等正式制度的治理机制以降低政策性或歧视性贸易壁垒之外，还应重视私人外部治理等基于非正式制度的治理机制在解决撮合交易、解决纠纷、保障交易顺利进行方面所发挥的作用。例如，搭建集信息传递、买卖匹配、信用担保和争端调解于一体的跨国贸易综合服务平台，有利于在法律体系不对接、文化传统和社会制度多元化的情况下规约市场交易，保障贸易畅通。又如，商会作为市场中介组织，可以起到维护市场秩序，规范企业行为，沟通政府、市场和社会之间联系的作用。尤其是在市场信息化水平不高、"互联网+"发展不完善的情况下，引导、鼓励和扶持商会的发展，有利于降低交易成本，撮合交易，甚至提供信用担保和争端调解，为贸易的正常开展提供有效规约。

第三节　中国经济治理机制优化的实证分析

一、研究目的和模型设计

在前文的研究中，我们借鉴经济治理理论的研究成果，并结合中国的具体国情，主要研究了法律、政府监管和私人外部治理三种经济治理机制对中国经济治理优化的重要意义。

对于上述三种经济治理机制的运作机理和发挥作用的条件见表 6-1。法律既是最重要的正式制度，也是最重要的经济治理机制。法律对市场秩序的规约，主要是基于法律的强制性惩罚所产生的阻吓作用。法庭作为第三方对交易者的违约行为进行仲裁，其执法是被动式的，缺乏激励但没有执法扭曲。政府监管也是基于正式制度的经济治理机制，其规约市场秩序的机理与法律类似，区别在于政府作为第三方对违约行为进行仲裁，其执法是主动式的，政府有激励去发现违规行为但可能会因过激的行为导致执法扭曲。法律和政府监管这两种经济治理机制发挥作用所面临的共同制约是，都要求所依据的信息是可证实的，而法庭和政府都缺乏对专业信息的甄别能力。

表 6-1　经济治理机制比较

经济治理机制	实施方式	实施者的激励	信息要求	制约条件
法律	①法庭作为第三方实施 ②惩罚具有强制性 ③被动式执法	弱，无扭曲	可验证信息	对专业信息的甄别能力
政府监管	①政府作为第三方实施 ②惩罚具有强制性 ③主动式执法	强，有扭曲	可验证信息	对专业信息的甄别能力
私人外部治理	①私人部门作为第三方执行仲裁和信息中介职能 ②惩罚依赖于交易者间的集体惩罚，或法庭、政府对仲裁结果的强制性惩罚	强，无扭曲	可验证信息	惩罚的可置信性

私人外部治理是由商会或行业协会等私人部门作为第三方来保障实施的一种基于非正式制度的经济治理机制。与法庭和政府相比，商会或行业协会在甄别专业信息方面更加具有优势，因而可以更好地发挥仲裁的职能。私人外部治理发挥作用的关键，在于其对违约行为的惩罚是否是可置信的。私人外部治理对违约行为的惩罚，既可以像关系型治理那样，将违约者的信息传递给其所有的潜在合作者从而形成集体惩罚，也可以与法律或政府监管等基于正式制度的经济治理机制形成互补，利用法庭或政府对仲裁结果进行强制性惩罚。

在本节中，我们实证分析两个问题：第一，在中国经济市场化的过程中，法律、政府监管和私人外部治理是否对中国经济治理水平的提高发挥了积极作用。第二，如果发挥了作用，具体作用机制是什么。为此，建立如下回归方程：

$$ins\ cost_{it} = \beta_0 + \beta_1 inter_{it} + \beta_2 gov_{it} + \beta_3 law_{it} + \beta_4 inter_{it} gov_{it} + \tag{6-17}$$

$$\beta_5 inter_{it} law_{it} + \beta_6 gov_{it} law_{it} + \mu_i + \varepsilon_{it}$$

在式（6-17）中，i 和 t 分别表示省份和时间。模型的被解释变量 $ins\ cost_{it}$ 表示制度性交易成本，根据第四章的式（4-5）计算而得。μ_i 是非观测效应（Unobserved Effect），ε_{it} 是特异性误差（Idiosyncratic Error）。

$inter$ 表示市场中介组织的发育，gov 表示政府放松管制，law 表示维护市场的法制环境。相关数据主要来自国民经济研究所发布的中国市场化指数。[①] 该市场化指数主要由政府与市场的关系、非国有经济的发展、产品市场的发育程度、要素市场的发育程度、市场中介组织发育和法律制度环境五个方面的指数组成，每个方面指数下面包含若干分项指数。其中，① "减少政府对企业的干预" 分项指标，主要用 "行政审批手续方便简洁情况" 来反映政府对企业的干预，政府的行政审批手续方便简洁，可以有效减少政府工作人员滥用职权向企业和居民 "寻租"，减少企业额外负担，净化市场环境，便利企业经营。我们用这个指标来衡量政府的放松管制情况。② "市场中介组织的发育" 分项指标，主要用 "律师、会计师等市场中介组织服务条件" 和 "行业协会对企业的帮助程度" 两个指数来反映市场中介组织的发育程度。我们用这个指标来衡量市场中介组织的发育，也就是私人外部治理的质量。③ "维护市场的法制环境" 分项指标，用各地企业对当地司法和行政执法机关公正执法和执法效率的评价来度量各地企业所面临的法制环境。我们用这个指标来衡量维护市场的法制环境。另外，我们用这三个指标的两两交叉项来识别不同治理机制间的相互影响。这样在我们的实证研究中，可以在一个统一的框架内来综合比较政府监管、法律和私人外部治理三种不同治理机制对于中国经济治理水平的影响程度。

需要说明的是，在目前所公布的中国市场化指数中，上面三个分项指

---

① 樊纲，王小鲁，朱恒鹏. 中国市场化指数——各地区市场化相对进程 2011 年报告 [M]. 北京：经济科学出版社，2011. 王小鲁，樊纲，余静文. 中国分省份市场化指数报告 [M]. 北京：社会科学文献出版社，2017.

标的数据只有 1999~2008 年是连续的，之后仅有 2010 年、2012 年和 2014 年三个年度的数据。为了最大限度地反映更长时间跨度的情况，我们采用 2000 年、2002 年、2004 年、2006 年、2008 年、2010 年、2012 年、2014 年的数据进行实证分析。

二、结果分析

我们的模型涉及 29 个省份 8 年的面板数据，横截面大而时间序列短，对此可以采用 Roodman（2009）所提及的用 xtabond 2 指令进行系统 GMM 估计。[①] 从表 6-2 所列出的估计结果来看：第一，三个模型虽然分别采用与 $\rho=5$、$\rho=8$、$\rho=10$ 相对应的制度性交易成本作为被解释变量，但估计结果表现出较为明显的相似性和一致性。第二，每个估计模型使用的工具变量数为 17，观察组数为 29，符合 GMM 估计要求工具变量数小于或等于观察组数的经验法则。第三，Sargan 检验表明，三个模型都没有拒绝原假设，说明不存在过度识别的情况，工具变量是有效性的。第四，AB 检验表明，三个模型的残差都不存在二阶序列相关问题。

表 6-2　制度性交易成本的系统 GMM 估计结果

变量	$\rho=5$	$\rho=8$	$\rho=10$
L. instc88	1. 1147 ***	1. 1163 ***	1. 1165 ***
	(0. 1727)	(0. 1834)	(0. 1867)
inter	0. 0114	0. 0127	0. 0131
	(0. 0538)	(0. 0517)	(0. 0512)
gov	0. 1053 *	0. 1006 *	0. 0993 *
	(0. 0559)	(0. 054)	(0. 0535)
law	−0. 0943 *	−0. 0888 *	−0. 0871 *
	(0. 0525)	(0. 0505)	(0. 0499)

① Roodman, David. How to Do xtabond 2: An Introduction to Difference and System GMM in Stata [J]. *Stata Journal*, 2009, 9 (1): 86-135.

续表

变量	$\rho=5$	$\rho=8$	$\rho=10$
govinter	-0.0241*	-0.023*	-0.0227*
	(0.013)	(0.0128)	(0.0128)
govlaw	0.0046	0.0045	0.0044
	(0.0098)	(0.0092)	(0.0091)
lawinter	0.0169**	0.0158**	0.0155**
	(0.0078)	(0.0075)	(0.0074)
Constant	-0.1124	-0.1194	-0.1216
	(0.2565)	(0.2591)	(0.2605)
样本数	174	174	174
工具变量数	17	17	17
观察组数	29	29	29
AR（1）检验	0.075	0.078	0.079
AR（2）检验	0.899	0.921	0.928
Sargan 检验	0.515	0.529	0.530

注：括号内为标准差，*、**、***分别表示在10%、5%、1%水平上显著。

分析估计结果可以发现，第一，政府的放松管制提高了制度性交易成本，也就意味着政府监管降低了制度性交易成本。第二，法制环境的改善显著地降低了制度性交易成本。第三，虽然私人外部治理没有直接影响制度性交易成本，但却与政府监管和法律形成互补从而对制度性交易成本的降低产生积极影响。具体说来，私人外部治理：一方面，与法制形成互补，通过促进法律制度的完善降低了制度性交易成本；另一方面，与政府放松管制形成替代（或与政府监管形成互补），通过削弱政府放松管制（也就是强化政府监管）降低了制度性交易成本。并且从显著水平来看，私人外部治理与法制的互补作用在5%的水平上显著，与政府监管的互补作用在10%的水平上显著。第四，法制和政府监管之间没有显著的替代或互补关系。

综合上面的分析，在中国经济市场化的过程中，法律、政府监管和私人外部治理都对经济治理水平的提高产生了影响。法律和政府监管的改善都直接降低了制度性交易成本，私人外部治理则通过与法律和政府监管形成互补从而对降低制度性交易成本产生了积极的影响。这个实证结果证实了前文的论断，即私人外部治理可以成为沟通基于非正式制度的关系型治理和基于正式制度的规则型治理的桥梁，推动中国经济治理机制的平滑转型。

三、稳健性检验

我们采用如下回归方程重新进行 GMM 估计：

$$cost_{it} = \beta_0 + \beta_1 inter_{it} + \beta_2 gov_{it} + \beta_3 law_{it} + \beta_4 inter_{it} gov_{it} + \quad (6-18)$$
$$\beta_5 inter_{it} law_{it} + \beta_6 gov_{it} law_{it} + \beta_7 infrastructure_{it} + \mu_i + \varepsilon_{it}$$

在式（6-18）中，i 和 t 分别表示省份和时间。模型的被解释变量 $cost_{it}$ 为 i 省与 i 省之外国内其他地区间的贸易成本，也就是总交易成本，根据第四章式（4-2）计算而得。$inter_{it}$ 表示市场中介组织的发育，gov_{it} 表示政府放松管制，law_{it} 表示维护市场的法制环境。$infrastructure_{it}$ 为 i 省 t 年的基础设施水平，根据第四章式（4-6）计算而得。μ_i 是非观测效应（Unobserved Effect），ε_{it} 是特异性误差（Idiosyncratic Error）。

我们仍然采用 Roodman（2009）所提及的用 xtabond 2 指令进行系统 GMM 估计，回归结果见表6-3。比较表6-2 和表6-3 不难发现，估计结果表现出较为明显的相似性和一致性。

表 6-3　总交易成本的系统 GMM 估计结果

变量	$\rho = 5$	$\rho = 8$	$\rho = 10$
$L.\ instc88$	1.105*** (0.1693)	1.1085*** (0.1762)	1.1089*** (0.1788)
$infrastructure$	−0.0145 (0.0645)	−0.0062 (0.0321)	−0.0044 (0.0239)

续表

变量	$\rho=5$	$\rho=8$	$\rho=10$
inter	-0.0018	-0.0005	-0.0003
	(0.0146)	(0.0072)	(0.0053)
gov	0.0366**	0.0179**	0.0132**
	(0.0137)	(0.0068)	(0.0051)
law	-0.0433**	-0.0214**	-0.0159**
	(0.0177)	(0.0089)	(0.0066)
govinter	-0.0091***	-0.0045***	-0.0034**
	(0.0032)	(0.0016)	(0.0012)
govlaw	0.0027	0.0014	0.0011
	(0.0032)	(0.0016)	(0.0012)
lawinter	0.0075***	0.0037***	0.0027***
	(0.0026)	(0.0013)	(0.0009)
Constant	-0.0108	-0.0083	-0.0067
	(0.1203)	(0.0631)	(0.0480)
样本数	174	174	174
工具变量数	22	22	22
观察组数	29	29	29
AR（1）检验	0.026	0.026	0.026
AR（2）检验	0.773	0.776	0.777
Sargan 检验	0.757	0.745	0.740

注：括号内为标准差，**、***分别表示在5%、1%水平上显著。

第四节　本章小结

中国的经济市场化是在法制建设不完善的情况下依靠关系型治理得以

向前推进的，这既是中国经济已经取得的成就和未来所面临挑战的共同制度根源，也决定了在中国转型的深化和完善阶段，为了提高中国经济治理水平，需要实现从基于非正式制度的关系型治理向基于正式制度的规则型治理转型，从而降低制度性交易成本。

在本章中，我们从微观主体对合约形式的选择行为入手，建立了一个最优化模型，分析了从关系型治理向规则型治理转型的最优条件和策略。在此基础上，我们还进一步分析了中国经济治理转型的最优路径，并基于之前构造的省际贸易成本面板数据对法律、政府监管和私人外部治理在提高中国经济治理水平的作用做了实证分析。研究表明：

第一，从关系型治理向规则型治理转型的核心是，正式制度的建立使交易者能够通过使用正式合约获得更高的合作剩余。这意味着，各种法律硬件设施的简单引入相对于实现转型的要求来说是远远不够的，只有切实地提高司法与执法的质量、提升法律体系的运行效率，才能使一国社会真正实现从关系型治理向正式治理的转型，进而迈向现代化的发展道路。另外，最优的转型必须通过渐进的方式（而非运动式的改革），在对微观主体的利益进行充分考虑的基础上平稳推进。在转型的同时应适当维护关系型合约所赖以发挥作用的制度基础和微观技术基础，如不急于放开市场、适度保持社会的低流动性、在制度上允许经济主体自由选择合约执行方式等，以保证转型平稳进行。

第二，从关系型治理向正式治理转型要遵循最小化社会总交易成本的原则，虽然在现实中，与发达国家相联系的往往是正式治理，但这并不意味着正式治理在任何情况下都优于关系型治理、更有利于经济发展。事实上，在经济发展的早期阶段、交易量较小时，关系型治理下的社会总交易成本更小。只有随着经济的发展，交易量的增大才使正式治理能够降低社会总交易成本时，向正式治理的转型才成为必要。因此，关系型合约与正式合约的不同性质决定了两种治理模式有其各自的适用范围，一国应根据现有的社会发展阶段，选择能最小化社会总交易成本的治理模式。

第三，法律作为最重要的正式制度，对市场秩序的规约主要是基于法律的强制性惩罚所产生的阻吓作用。但是法庭作为第三方对交易者的违约行为进行仲裁，其执法是被动式的，缺乏激励但没有执法扭曲。政府监管也是基于正式制度的经济治理机制，其规约市场秩序的机理与法律类似，区别在于政府作为第三方对违约行为进行仲裁，其执法是主动式的，政府有激励去发现违规行为但可能会因过激的行为导致执法扭曲。法律和政府监管这两种经济治理机制发挥作用所面临的共同制约是，都要求所依据的信息是可证实的，而法庭和政府都缺乏对专业信息的甄别能力。

第四，私人外部治理是由商会或行业协会等私人部门作为第三方来保障实施的一种基于非正式制度的经济治理机制。与法庭和政府相比，商会或行业协会在甄别专业信息方面更加具有优势，因而可以更好地发挥仲裁的职能。私人外部治理发挥作用的关键，在于其对违约行为的惩罚是否是可置信的。私人外部治理对违约行为的惩罚，既可以像关系型治理那样，将违约者的信息传递给其所有的潜在合作者从而形成集体惩罚，也可以与法律或政府监管等基于正式制度的经济治理机制形成互补，利用法庭或政府对仲裁结果进行强制性惩罚。

第五，从实证结果来看，在中国经济市场化的过程中，法律、政府监管和私人外部治理都对经济治理水平的提高产生了影响。法律和政府监管的改善都直接降低了制度性交易成本，私人外部治理则通过与法律和政府监管形成互补从而对降低制度性交易成本产生了积极的影响。私人外部治理可以成为沟通基于非正式制度的关系型治理和基于正式制度的规则型治理的桥梁，推动中国经济治理机制的平滑转型。

第七章

研究结论与政策启示

良好的市场秩序是发挥市场在资源配置中的决定性作用的前提和保证。按照诺贝尔基金会在其 2009 年为经济治理领域学者的颁奖公告中的表述，市场秩序治理的关键是保障合约执行和提供有效的争端解决机制。[①]我们借鉴经济治理理论的研究成果，着重分析了法律、政府监管等基于正式制度的经济治理机制及关系型治理、私人外部治理等基于非正式制度的经济治理机制的运作机理和发挥作用的条件，并在此基础上采取定性分析和定量分析相结合的研究方法，分析了中国的经济治理状况，本章主要总结我们的研究结论及其政策启示。

一、研究结论

概言之，我们的研究主要得出了以下三点结论：

1. 法律不是保障市场经济正常运行的唯一经济治理机制

近 30 年来发展起来的经济治理理论，对人类历史上和现实中存在的各种能够规约市场交易的经济治理机制进行了深入的研究。借鉴经济治理理论的研究成果，并结合中国的具体国情，我们主要研究了法律、政府监管、关系型治理和私人外部治理等经济治理机制的运作机理和发挥作用的条件（见表 8-1）。

法律既是最重要的正式制度，也是最重要的经济治理机制。法律对市场秩序的规约，主要是基于法律的强制性惩罚所产生的阻吓作用。法庭作为第三方对交易者的违约行为进行仲裁，其执法是被动式的，缺乏激励但没有执法扭曲。政府监管也是基于正式制度的经济治理机制，其规约市场

---

① The Royal Swedish Academy of Sciences. Economic Governance：The Organization of Cooperation. The Prize in Economic Sciences. Information for the Public，2009. https：//www. nobelprize. org/nobel_ prizes/economic-sciences/laureates/2009/popular-economicsciences2009. pdf.

秩序的机理与法律类似，区别在于政府作为第三方对违约行为进行仲裁，其执法是主动式的，政府有激励去发现违规行为但可能会因过激的行为导致执法扭曲。法律和政府监管这两种经济治理机制发挥作用所面临的共同制约是，都要求所依据的信息是可证实的，而法庭和政府都缺乏对专业信息的甄别能力。

表8-1　经济治理机制比较

经济治理机制	实施方式	实施者的激励	信息要求	制约条件
法律	①法庭作为第三方实施 ②惩罚具有强制性 ③被动式执法	弱，无扭曲	可验证信息	对专业信息的甄别能力
政府监管	①政府作为第三方实施 ②惩罚具有强制性 ③主动式执法	强，有扭曲	可验证信息	对专业信息的甄别能力
关系型治理	①自我实施 ②惩罚依赖于交易者间的长期持续交往	强，无扭曲	可观察信息	交易者间合作的稳定性
私人外部治理	①私人部门作为第三方执行仲裁和信息中介职能 ②惩罚依赖于交易者间的集体惩罚，或法庭、政府对仲裁结果的强制性惩罚	强，无扭曲	可验证信息	惩罚的可置信性

关系型治理是人类社会自发形成的一种基于非正式制度的经济治理机制，它对市场秩序的规约以交易者之间的持续性交往为前提，以长期合作关系的破裂所造成的潜在损失作为可置信威胁，当交易者对违约的当期收益的评价小于由此引致的合作关系破裂所造成的未来合作收益的损失时，长期合作关系就成为保障市场经济正常运行的制度支撑。关系型治理的最

大优势是它具有自我实施的特点，不需要借助第三方，因而可以在制度不完善的情况下发挥作用。另外，关系型治理所依据的是可观察的信息，可以规约一些难以提供可证实信息的市场交易。但是关系型治理所能规约的市场交易的范围是有限的，因为市场规模的扩大会降低交易者之间合作的稳定性。

私人外部治理是由商会或行业协会等私人部门作为第三方来保障实施的一种基于非正式制度的经济治理机制。与法庭和政府相比，商会或行业协会在甄别专业信息方面更加具有优势，因而可以更好地发挥仲裁的职能。私人外部治理发挥作用的关键，在于其对违约行为的惩罚是否是可置信的。私人外部治理对违约行为的惩罚，既可以像关系型治理那样，将违约者的信息传递给其所有的潜在合作者从而形成集体惩罚，也可以与法律或政府监管等基于正式制度的经济治理机制形成互补，利用法庭或政府对仲裁结果进行强制性惩罚。

2. 1998~2014年中国市场经济的运行成本总体上呈下降趋势，并且东北地区、东部地区、中部地区、西部地区都表现出向全国平均水平收敛的趋势

虽然经济治理理论强调经济治理优化的目的就是降低交易成本，但他所关注的仍然是成熟市场经济中的治理机制选择，其理论分析暗含的假设前提是交易较为频繁，并且存在运行良好的法律体系。我们认为，交易成本作为与生产成本相对应的概念，不仅包括制度性交易成本，还应当包括空间性交易成本。空间性交易成本的产生源于基础设施的拥挤性特征，空间性交易成本会影响市场交易频率，进而影响经济治理机制的选择或者优化。

从市场经济运行的总交易成本来看，东北地区和西部地区的贸易成本要高于全国平均水平，东部地区和中部地区的贸易成本要低于全国平均成本。在所考察的全国29个省份中，总交易成本呈下降趋势的有21个，分别是北京、重庆、甘肃、广西、贵州、河北、河南、黑龙江、吉林、江苏、辽宁、内蒙古、宁夏、青海、四川、山东、上海、陕西、山西、新疆、云南。贸易成本呈上升趋势的有8个，分别是安徽、福建、广东、湖

北、湖南、江西、天津、浙江。

从市场经济运行的制度性交易成本来看，西部地区的制度性交易成本高于全国平均水平，中部地区和东部地区的制度性交易成本低于全国平均水平，东北地区的制度性交易成本与全国平均水平呈缠绕趋势。在所考察的全国 29 个省份中，制度性交易成本呈下降趋势的有 19 个，分别是辽宁、吉林、黑龙江、内蒙古、重庆、四川、贵州、云南、陕西、甘肃、宁夏、新疆、北京、河北、上海、江苏、山东、山西、河南。制度性交易成本呈上升趋势的有 10 个，分别是广西、青海、天津、浙江、福建、广东、安徽、江西、湖北、湖南。

降低市场经济的运行成本，优化营商环境对于建立统一开放竞争有序的市场体系，从而推动经济高质量发展具有重要意义，受到党中央、国务院的高度关注。我们的研究克服了已有相关研究的不足，有助于推动对中国经济治理水平和营商环境的定量评估等相关研究的进一步深化。

3. 中国经济治理水平的提高是多种因素综合作用的结果

与成熟市场经济国家不同的是，中国的市场经济尚处于发育之中，还未完全定型。因此对中国经济治理的研究，不仅要从静态上分析究竟是什么样的经济治理机制支撑了市场经济的运转，从而理解市场经济是怎样从无到有的；更要从动态上分析怎样才能降低市场经济的运行成本，提高市场经济的运转效率，从而理解市场经济是怎样从小到大的。

从时间上来看，中国 1978 年开始改革开放，向市场经济转型。但直到 1997 年才颁布《价格法》，直到 1999 年修订后的《合同法》才适用于所有国内企业。而更一般地，依法治国、建设社会主义法治国家直到 1997 年党的十五大才成为治国的基本方略和社会主义现代化的重要目标，直到 1999 年才被写入宪法，直至今日全面依法治国依然是"四个全面"战略布局中的重要一环。我们认为，在法律不完善的条件下推进市场化，这是造就中国经济转型成就和挑战的共同根源。

首先，关系型治理由于具有自我实施的特点，在中国经济市场化的启动和推进过程中发挥了重要作用。中国的经济改革是从农村开始的，农村中广泛存在基于血缘、地缘上的社会关系为关系型治理发挥作用创造了条件，农村市场的日益活跃为经济市场化从体制外扩展到体制内提供了坚实的基础。社会关系的开发和利用则拓展了关系型治理发挥作用的空间，使市场经济不断向前推进，从农村走向城市，从国内走向国际。但是关系型治理的有效性会随着市场规模的扩大和发展水平的提高而弱化，这决定了中国对市场经济的规约必须从主要依靠"关系"这种非正式制度向重要依靠程序化、规范化的正式制度转变。因此，关系型治理是理解中国经济市场化的出发点，而法制建设是理解中国经济市场化的落脚点。

其次，经济治理水平的提高，一方面，表现为经济治理机制的优化所带来的制度性交易成本的下降；另一方面，则表现为基础设施的改善所带来的空间性交易成本的下降。实证分析表明：第一，基础设施建设对中国经济治理水平提高的贡献度只有 5.62%，因而并不是影响中国经济治理的最主要因素。第二，政府管制和法制环境的改善都显著地降低了制度性交易成本，但两者之间没有显著的替代或者互补关系。第三，私人外部治理可以通过与法律和政府管制形成互补来降低制度性交易成本，从而成为沟通基于非正式制度的关系型治理和基于正式制度的规则型治理的桥梁，有利于推动中国经济治理机制的平滑转型。

最后，我们的定量分析还表明，中国的基础设施建设已经表现出拥挤性的特征。能源基础设施的改善能够显著地降低地区间贸易成本，而交通运输和邮电通信基础设施则主要是通过促进能源基础设施水平的提高从而间接地降低地区间贸易成本。这意味着，相对于交通运输和邮电通信基础设施而言，能源基础设施是我国基础设施建设的短板。这种情况在更加注重通过基础设施建设来解决区域发展不平衡、不充分问题的中部地区、西部地区和东北地区都有明显的体现。这意味着中国在今后的基础设施建设中应当加强顶层设计，统筹推进，只有提高不同基础设施建设的协调性，才能更有效地找出短板并补齐短板，从而使基础设施建设取得更好的效果。

二、政策启示

基于以上研究结论，我们进一步得出了四点政策启示：

1. 富有成效的法制建设必须充分考虑社会对法律的需求

法律是最重要的正式制度，法制建设对于中国制度转型意义重大，这不仅在于建设法治国家、实现依法治国构成了政治发展的直接目标和任务，还在于法制建设对于建立和完善社会主义市场经济体制具有重要意义。然而俄罗斯及东欧国家法制建设失败的教训表明，没有形成法律需求的法律供给难以取得成功。这是因为对社会个体而言，适用法律是有成本的。当适用法律所耗费的时间和精力上的成本大于获得的收益时，即使能够胜诉，法律也不会成为社会成员的最佳选择。因此，尽管很多国家也颁布了各种法律条款和条文，拥有法庭及各种专业人员，设有司法、行政、立法各权力机关等，但由于所建立的法律制度是非常不完善的，例如，腐败与"寻租"活动肆虐难以保证裁决的公正性、法律体系运行效率低下难以满足现实的需要等，在这些国家法律规则事实上形同虚设。可见，富有成效的法制建设不仅是法律规则的供给，还需要提高执法的效率，降低用法的成本。只有切实地提高司法与执法的质量、提升法律体系的运行效率，从而降低社会民众使用法律的成本，这样的法律供给才更容易取得成功，使法律从字面上的条文变成应用于现实的"活法"。

另外，能够适应社会成员需求的法律通常都是逐渐从不完善走向完善的，因而法制建设的成功不在于最初制定的法律规则有多完善，而是在于能否有能力解决不断出现的新问题，从而更好地满足社会成员的需求。这意味着富有成效的法制建设必须能够创造条件推动法律逐渐从不完备走向完备。只有建立推动法律适应性调整和变革的程序，及时根据社会经济生活中不断出现的新问题和新情况修订法律，才能使立法工作适应社会经济的需要，推动法律体系的不断完善。

2. 私人外部治理对于中国经济治理机制的优化具有重要意义

一般认为，私人外部治理机制是由专业化的商会或行业协会执行交易仲裁和信息中介职能，而实际上网上交易平台也可以充当第三方来发挥类似的作用。比较而言，网上交易平台因可以采取公司化运作而更加具有激励，但其对专业信息的甄别能力要弱于商会或行业协会。

中国正处于从基于"关系"等非正式制度的经济治理机制向基于法律

等正式制度的经济治理机制的转型过程中，法律等正式制度的逐步完善为市场主体提供了在关系之外进行交易的可能性，因而可能会在短期内造成关系型治理机制的弱化。私人外部治理可以有效地将违约者的信息传递给其潜在合作者，在不破坏关系型治理的情况下扩大能够规约市场的范围，从而避免机制转换过程中出现治理真空。另外，私人外部治理可以与正式制度形成互补，利用商会或行业协会在甄别专业信息方面的优势进行仲裁，借助政府或法律对违约行为加以惩罚，通过与政府监管形成互补弥补法制建设不完善的不足，通过与法律形成互补促进社会对法律需求的形成，推动经济治理机制的转型和优化。

3. 只有加强基础设施建设的协调性，才能更有效地降低空间性交易成本，提高中国的经济治理水平

习近平总书记指出，"十三五"时期经济社会发展的关键在于补齐"短板"。当前我国正处于全面建成小康社会的关键时期，也是中国特色社会主义进入新时代后迈向经济高质量发展的提升时期，加强和改善基础设施作为党中央、国务院提出的补齐短板的重要举措，对于解决发展不平衡、不充分的基本矛盾意义重大。但是由于我国的基础设施具有拥挤性特征，其综合作用的效果是由其中作为短板的基础设施决定的，因而基础设施建设也需要补齐短板。

具体来说，当前我国的水电能源供给和交通运输、邮电通信等基础设施建设是分别规划的，由于不同类型的基础设施建设对于降低地区间贸易成本的作用是不同的，因而只有在今后的基础设施建设中加强顶层设计，统筹推进，提高不同基础设施建设的协调性，才能更有效地找出短板并补齐短板，从而使基础设施建设取得更好的效果。

4. 经济治理机制的完善和优化需要有效发挥政府的作用

使市场在资源配置中起决定性作用和更好发挥政府作用，是党的十八届三中全会和十九大明确的全面深化改革的目标和任务。其中，"使市场在资源配置中起决定性作用"和"更好发挥政府作用"之间存在紧密联系，政府作用发挥不好会对市场在资源配置中起决定性作用造成妨碍，两者内在统一于社会主义市场经济体制之中。

　　第一，政府监管本身就是一种规约市场交易的经济治理机制。与法庭相比，政府可以主动执法，还可以更为灵活地根据实际社会经济生活中不断出现的新问题和新情况修订规则，因而可以在法制不完善或没有形成对法律的需求情况下，替代法律来保障市场交易的正常进行。第二，政府可以在鼓励、支持和引导商会或行业协会发展、构建网上交易平台方面发挥重要作用，推动私人外部治理机制的建立和完善。第三，政府监管可以与私人外部治理机制形成互补，在中国经济治理机制的转型和优化方面发挥积极作用。

　　可见，虽然建设法制化、规范化的营商环境是中国市场秩序治理的发展方向，这意味着商事制度改革最终要建立起以法律为主导的经济治理机制。但在这个转变过程中除了要加强法制建设之外，能否正确发挥政府的作用也至关重要。政府监管范围和领域的单向弱化并不一定会带来经济治理水平的提高，只有规范政府的行为、转变政府的职能、发挥政府在引领私人外部治理机制等基于非正式制度的经济治理机制方面的作用，才能够真正建立起系统完备、科学规范、运行有效的经济治理体系，为推进国家治理体系和治理能力现代化提供重要支撑。

参考文献

[1] Agenor, Pierre-Richard and Moreno-Dodson, Blanca. Public Infrastructure and Growth: New Channels and Policy Implications [R]. World Bank Policy Research Working Paper, 2006: 4064.

[2] Ajani, Gianmaria. By Chance and Prestige: Legal Transplants in Russia and Eastern Europe [J]. The Journal of Comparative Law, 1995, 43 (1): 94-117.

[3] Allen, Franklin and Qian, Jun and Qian, Meijun. Law, Finance, and Economic Growth in China [J]. Journal of Financial Economics, 2005 (77): 57-116.

[4] Anderson, James and van Wincoop, Eric. Gravity with Gravitas: A Solution to the Border Puzzle [J]. American Economic Review, 2003, 93 (1): 170-192.

[5] Anderson, James and van Wincoop, Eric. Trade Costs [J]. Journal of Economic Literature, 2004, 42 (3): 691-751.

[6] Anderson, James. A Theoretical Foundation for the Gravity Equation [J]. American Economic Review, 1979, 69 (1): 106-116.

[7] Aoki, Masahiko. Toward a Comparative Institutional Analysis [M]. Cambridge, MA: MIT Press, 2001.

[8] Aschauer, David. Is Public Expenditure Productive? [J]. Journal of Monetary Economics, 1989, 23 (2): 177-200.

[9] Axelrod, Robert. An Evolutionary Approach to Social Norms [J]. American Political Science Review, 1986 (80): 1095-1111.

[10] Baland, Jean-Marie and Moene, Karl Ove and Robinson, James. Governance and Development. In Rodrik, Dani and Rosenzweig, Mark eds. [J]. Handbook of Development Economics, 2010 (5): 4597-4656.

[11] Bandiera, Oriana. Land Reform, the Market for Protection and the Origins of the Sicilian Mafia: Theory and Evidence [J]. Journal of Law, Economics and Organization, 2003 (19): 218-244.

[12] Barro, Robert. Government Spending in a Simple model of Endogenous Growth [J]. Journal of Political Economy, 1990, 98 (5): 103-125.

[13] Barzel, Yoram. Economic analysis of Property Rights. 2nd ed [M]. Cambridge: Cambridge University Press, 1997: 4.

[14] Becker, Gary. Crime and Punishment: An Economic Approach [J]. Journal of Political Economy, 1968, 76 (2): 169-217.

[15] Bernstein, Lisa. Opting Out of the Legal System: Extralegal Contractual Relations in the Diamond Industry [J]. Journal of Legal Studies, 1992 (21): 115-157.

[16] Bernstein, Lisa. Private Commercial Law in the Cotton Industry: Creating Cooperation through Rules, Norms, and Institutions [J]. Michigan Law Review, 2001 (99): 1724-1788.

[17] Bian, Yanjie. Guanxi and the Allocation of Urban Jobs in China [J]. China Quarterly, 1994 (140): 971-999.

[18] Blanchard, Oliver and Kremer, Michael. Disorganization [J]. Quarterly Journal of Economics, 1997, 112 (4): 1091-1126.

[19] Bourdieu, Pierre. The Forms of Capital. In: Richardson, John. eds. Handbook of Theory and Research for the Sociology of Education [M]. Greenwood Press, 1986: 241-258.

[20] Brandt, Loren and Ma, Debin and Rawski, Thomas. From Divergence to Convergence: Reevaluating the History Behind China's Economic Boom [J]. Journal of Economic Literature, 2014, 52 (1): 45-123.

[21] Cai, Hongbin and Fang, Hanming and Xu, Colin Lixin. Eat, Drink,

Firms, Government: An Investigation of Corruption from the Entertainment and Travel Costs of Chinese Firms [J]. Journal of Law and Economics, 2011 (54): 55-78.

[22] Carmichael, Lorne and MacLeod, Bentley. Gift Giving and the Evolution of Cooperation [J]. International Economic Review, 1997 (38): 485-509.

[23] Chaney, Tomas. Distorted Gravity: The Intensive and Extensive Margins of International Trade [J]. American Economic Review, 2008, 98 (4): 1707-1721.

[24] Chang, Juin-Jen and Hung, Hsiao-Wen and Shieh, Jhy-Yuan and Lai, Ching-Chong. Optimal Fiscal Policies, Congestion and Over-Entry [J]. Scandinavian Journal of Economics, 2007, 109 (1): 137-151.

[25] Channell, Wade. Lessons Not Learned: Problem with Western Aid for Law Reform in Post-Communist Countries [N]. Carnegie Papers, 2005: 57.

[26] Clague, Christopher and Keefer, Philip and Knack, Stephen and Olson, Mancur. Contract-intensive Money: Contract Enforcement, Property Rights, and Economic Performance [J]. Journal of Economic Growth, 1937, 4 (2): 185-211.

[27] Coase, Ronald. The Nature of the Firm [J]. Economica, 1999 (4): 386-405.

[28] Coase, Ronald. The Problem of Social Cost [J]. Journal of Law and Economics, 1960 (3): 1-44.

[29] Coleman, James. Social Capital in the Creation of Human Capital [J]. American Journal of Sociology, 1988 (94) (Supplement): 95-120.

[30] Collins, Bruce and Fabozzi, Frank. A Methodology for Measuring Transaction Costs [J]. Financial Analysis Journal, 1991, 47 (2): 27-44.

[31] Cooter, Robert and Ulen, Thomas. Law and Economics, 6th Edition [M]. Pearson Education Inc., 2012.

[32] Czempiel, Ernst-Otto. Governance and Democratization. In: Rosenau, James and Czempiel, Ernst-Otto. eds. Governance without Government: Order and

Change in World Politics [M]. Cambridge: Cambridge University Press, 1992: 250.

[33] Dahlman, Carl. The Problem of Externality [J]. Journal of Law and Economics, 1979, 22 (1): 141-162.

[34] De Soto, Hernando. The Other Path: The Invisible Revolution in the Third World [M]. New York: Harper & Row, 1989.

[35] Demsetz, Harold. The Cost of Transacting [J]. Quarterly Journal of Economics, 1968, 82 (1): 33-53.

[36] Dixit, Avinash. Lawlessness and Economics: Alternative Modes of Governance [M]. Princeton, NJ and Oxford, UK: Princeton University Press, 2004.

[37] Dixit, Avinash. Governance Institutions and Economic Activity [J]. American Economic Review, 2009, 99 (1): 5-24.

[38] Djankov, Simon and La Porta, Rafael and Lopez-de-Silanes, Florencio and Shleifer, Andrei. The Regulation of Entry [J]. Quarterly Journal of Economics, 2002, 117 (1): 1-37.

[39] Dower, John. Embracing Defeat: Japan in the Wake of World War II [M]. New York: W. W. Norton, 1999: 140-148.

[40] Eaton, Jonathan and Kortum, Samuel. Technology, Geography and Trade [J]. Econometrica, 2002, 70 (5): 1741-1779.

[41] Eicher, Theo and Turnovsky, Stephen. Scale, Congestion and Growth [J]. Economica, 2000 (67): 325-346.

[42] Ellickson, Robert. Order Without Law: How Neighbors Settle Disputes [M]. Cambridge: Harvard University Press, 1991.

[43] Faber, Benjamin. Trade Integration, Market Size and Industrialization: Evidence from China's National Trunk Highway System [J]. Review of Economic Studies, 2014, 81 (3): 1046-1070.

[44] Fischer, Stanley. Long-term Contracting, Sticky Prices, and Monetary Policy: Comment [J]. Journal of Monetary Economics, 1977, 3 (3): 317-324.

［45］ Frye, Timothy. Keeping Shop: The Value of the Rule of Law in Moscow and Warsaw. In: Murrell, Peter (eds.). Assessing the Value of Law in Transition Economies ［M］. Ann Arbon : University of Michigan Press, 2001: 229-248.

［46］ Fujita, Masahisa and Krugman, Paul and Venables, Anthony. The Spatial Economy: Cities, Regions, and International Trade ［M］. Cambridge, MA: MIT Press, 1999.

［47］ Fukuyama, Francis. Trust ［M］. Hamish Hamilton, 1995.

［48］ Furubotn, Eirik and Richter, Rudolf. 新制度经济学: 一个评价// 菲吕博顿, 瑞切特. 新制度经济学 ［M］. 上海: 上海财经大学出版社, 1998: 1-38.

［49］ Gans-Morse, Jordan. Demand for Law and the Security of Property Rights: the Case of Post-Soviet Russia ［J］. American Political Science Review, 2017, 111 (2): 338-359.

［50］ Glaeser, Edward and Johnson, Simon and Shleifer, Andrei. Coase Versus Coasians ［J］. Quarterly Journal of Economics, 2001, 116 (3): 853-899.

［51］ Granovetter, Mark. Economic Action and Social Structure: The Problem of Embeddedness ［J］. American Journal of Sociology, 1985 (91): 481-510.

［52］ Granovetter, Mark. Economic Institutions as Social Construction: A Framework for Analysis ［J］. Acta Sociologica, 1992, 35 (1): 3-11.

［53］ Greening, Lorma and Greene, David and Difiglio, Carmen. Energy Efficiency and Consumption-the Rebound Effect-a Survey ［J］. Energy Policy, 2000, 28 (6-7): 389-401.

［54］ Greif, Avner. Institutions and the Path to the Modern Economy: Lessons from Medieval Trade ［M］. Cambridge: Cambridge University Press, 2006.

［55］ Grossman, Sanford. and Hart, Oliver. The Costs and Benefits of Ownership: A Theory of Vertical and Lateral Integration ［J］. Journal of Political Economy, 1986, 94 (4): 691-719.

[56] Hallward-Driemeier, Mary and Pritchett Lant. How Business is Done in the Developing World: Deals Versus Rules [J]. Journal of Economic Perspectives, 2015, 29 (3): 121-140.

[57] Hart, Oliver. Firms, Contracts, and Financial Structure [M]. New York: Oxford University Press, 1995.

[58] Hart, Oliver. and Moore, John. Property Rights and Nature of the Firm [J]. Journal of Political Economy, 1990, 98 (6): 1119-1158.

[59] Hatchard, John and Amanda Perry-Kessaris. Law and Development in the 21st Century: Facing Complexity [M]. London: Cavendish Publishing Limited, 2003.

[60] Hay, Jonathan and Shleifer, Andrei. Private Enforcement of Public Laws: A Theory of Legal Reform [J]. American Economic Review, 1998, 88 (2): 398-403.

[61] Hendley, Kathryn. Beyond the Tip of the Iceberg: Business Disputes in Russia. In: Murrell, Peter (eds.). Assessing the Value of Law in Transition Economies [M]. Ann Arbon : University of Michigan Press, 2001: 20-55.

[62] Hendriks, Paul. Why Share Knowledge? The Influence of ICT on Motivation for Knowledge Sharing [J]. Knowledge and Process Management, 1999, 6 (2): 91-100.

[63] Hoff, Karla and Stiglitz, Joseph. After the Big Bang? Obstacles to the Emergence of the Rule of Law in Post-Communist Societies [J]. American Economic Review, 2004, 94 (3): 753-763.

[64] Hulten, Charles and Bennathan, Esra and Srinivasan, Srinivasan. Infrastructure, Externalities, and Economic Development: A Study of the Indian Manufacturing Industry [J]. World Bank Economic Review, 2006, 20 (2): 291-308.

[65] Hulten, Charles and Bennathan, Esra and Srinivasan, Srinivasan. Infrastructure, Externalities, and Economic Development: A Study of the Indian Manufacturing Industry [J]. World Bank Economic Review, 2006, 20 (2):

291-308.

[66] Jack, David and Meissner, Christopher and Novy, Dennis. Trade Costs, 1870-2000 [J]. American Economic Review, 2008, 98 (2): 529-534.

[67] Jacoby, Hanan and Minten, Bart. On Measuring the Benefits of Lower Transport Costs [J]. Journal of Development Economics, 2009, 89 (1): 28-38.

[68] Jonathan R. Hay and Andrei Shleifer. Private Enforcement of Public Laws: A Theory of Legal Reform [J]. American Economic Review, 1998, 88 (2): 398-403.

[69] Köhler, Horst. Law Goes to the Heart of the Transition Process. Law in Transition [M]. EERD, 1998.

[70] Krugman, Paul. Increasing Returns and Economic Geography [J]. Journal of Political Economy, 1991, 99 (3): 483-499.

[71] Lee, Yong and Meagher, Patrick. Misgovernance or Mispeeception? Law and Finance in Central Asia [C]. In: Murrell, Peter (eds.). Assessing the Value of Law in Transition Economies [M]. Ann Arbon: University of Michigan Press, 2001: 133-179.

[72] Leff, Nathaniel. Externalities, Information Costs, and Social Benefit-Cost Analysis for Economic Development: An Example from Telecommunications [J]. Economic Development and Cultural Change, 1984, 32 (2): 255-276.

[73] Leonitief, Wassily and Strout, Alan. Multiregional Input - Output Analysis. In: Barna, Tibor. eds [M]. Structural Interdependence and Economic Development. Macmillan, 1963: 119-149.

[74] Lesmond, David and Ogden, Joseph and Trzcinka, Charles. A New Estimate of Transaction Costs [J]. Review of Financial Studies, 1999, 12 (5): 1113-1141.

[75] Li, Shuhe. Relation-based Versus Rule-based Governance: An Explanation of the East Asian Miracle and Asian Crisis [J]. Review of International Economics, 2003, 11 (4): 651-673.

[76] Limão, Nuno and Venables, Anthony. Infrastructure, Geographical Disadvantage, Transport Costs, and Trade [J]. World Bank Economic Review, 2001, 15 (3): 451–479.

[77] Macaulay, Stewart. Non–contractual Relationships in Business: A Preliminary Study [J]. American Sociological Review, 1963 (28): 55–70.

[78] McMillan, John and Woodruff, Christopher. Private Order under Dysfunctional Public Order [J]. Michigan Law Review, 2000, 98 (8): 2421–2458.

[79] Melitz, Marc. The Impact of Trade on Intra–Industry Reallocations and Aggregate Industry Productivity [J]. Econometrics, 2003, 71 (6): 1695–1725.

[80] Melitz, Mark and Ottaviano, Giancarlo. Market Size, Trade, and Productivity [J]. Review of Economic Studies, 2008, 75 (1): 295–316.

[81] Merton, Robert. A Simple Model of Capital Market Equilibrium with Incomplete Information Exchange [J]. Journal of Finianice, 1987, 42 (3): 483–510.

[82] Milgrom, Paul and North, Douglass and Weingast, Barry. The Role of Institutions in the Revival of Trade: the Law Merchant, Private Judges, and the Champagne Fairs [J]. Economics and Politics, 1990 (2): 1–23.

[83] Moreno, Rosina and López–Bazo, Enrique and Vayá, Esther and Artís, Manuel. External Effects and Cost of Production. In: Anselin, Luc and Florax, Raymond and Rey, Sergio. (eds.) Advances in Spatial Econometrics [M]. Springer–Verlag Berlin Heidelberg, 2004: 297–317.

[84] Nee, Victor. The New Institutionalisms in Economics and Sociology. in Smelser, Neil and Swedberg, Richard. eds. Handbook of Economic Sociology [M]. Princeton University Press, 2005: 49–74.

[85] North, Douglas and Barry Weingast. Constitutions and Commitment: The Evolution of Institutions Governing Public Choice in Seventeenth–Century England [J]. Journal of Economic History, 1989 (49): 803–832.

[86] North, Douglas and Thomas, Robert. The Rise of the Western World: A New Economic History [M]. Cambridge University Press, 1973.

[87] North, Douglas and Weingast, Barry. Constitutions and Commitment: The Evolution of Institutions Governing Public Choice in Seventeenth-Century England [J]. Journal of Economic History, 1989 (49): 803-832.

[88] North, Douglas. Structure and Change in Economic History [M]. W. W. Norton, New York, 1981.

[89] Novy, Dennis. Is the Iceberg Melting Less Quickly [M]. International Trade Costs after World War II, Mimeo, University of Warwick, 2006.

[90] Novy, Dennis. Gravity Redux: Measuring International Trade Costs with Panel Data. Economic Inquiry, 2013, 51 (1): 101-121.

[91] Oakland, William. Theory of Public Goods. In: Auerbach, A. and Feldstein, M. eds., Handbook of Public Economics Vol. II. [M]. North-Holland, 1987: 485-535.

[92] Obstfeld, Maurice and Rogoff, Kenneth. The Six Major Puzzles in International Macroeconomics: Is a Common Cause? [M]. In Bernanke, Ben and Rogoff, Kenneth Eds. NBER Macroeconomics Annual 2000. Cambridge, MA: MIT Press, 2001: 339-390.

[93] Ostromm, Vincent and Tiebout, Charles and Warren, Robert. The Organization of Government in Metropolitan Areas: A Theoretical Inquiry [J]. American Political Science Review, 1961 (55): 831-842.

[94] Pant, Somendra and Hsu, Cheng. Business on the Web: Strategies and Economics [J]. Computer Networks and ISDN System, 1996, 28 (7-11): 1481-1492.

[95] Pistor, Katharina and Chenggang Xu. Incomplete Law [J]. Journal of International Law and Politics, 2003, 35 (4): 931-1013.

[96] Pistor, Katharina, Yoram Keinan, Jan Kleinheisterkamp, and Mark West. The Evolution of Corporate Law: A Cross-Country Comparison [J]. University of Pennsylvania Journal of International Economic Law, 2002, 23 (4): 791-871.

[97] Polinsky, Mitchell and Shavell, Steven. The Economic Theory of

Public Enforcement of Law [J]. Journal of Economic Literature, 2000, 38 (1): 45-76.

[98] Poncet, Sandra. Measuring Chinese Domestic and International Integration [J]. China Economic Review, 2003, 14 (1): 1-21.

[99] Poncet, Sandra. A Fragmented China: Measure and Determinants of Chinese Domestic Market Disintegration [J]. Review of International Economics, 2005, 13 (3): 409-430.

[100] Putnam, Robert. Bowling Alone [M]. Simon & Schuster, 2000.

[101] Qian, Yingyi and Barry Weingast. China's Transition to Markets: Market-Preserving Federalism, Chinese Style [J]. Journal of Policy Reform, 1996 (1): 149-185.

[102] Qian, Yingyi and Xu, Chenggang. Why China's Economic Reforms Differ: the M-Form Hierarchy and Entry/Expansion of the Non-State Sector [J]. Economics of Transition, 1993, 1 (2): 135-170.

[103] R. A. W. Rhodes. The New Governance: Governing without Government [J]. Political Studies, 1996 (44): 652-667.

[104] Rauch, James. Business and Social Networks in International Trade [J]. Journal of Economic Literature, 2001, 39 (4): 1177-1203.

[105] Rawski, Thomas. Human Resources and China's Long Economic Boom [J]. Asia Policy, 2011 (12): 33-78.

[106] Roodman, David. How to Do xtabond 2: An Introduction to Difference and System GMM in Stata [J]. Stata Journal, 2009, 9 (1): 86-135.

[107] Rosenau, James and Czempiel, Ernst-Otto. eds. Governance without Government: Order and Change in World Politics [M]. Cambridge: Cambridge University Press, 1992: 5.

[108] Rosenstein-Rodan, P. N. Problems of Industrialisation of Eastern and South-Eastern Europe [J]. Economic Journal, 1943, 53 (210/211): 202-211.

[109] Rossetti, Richard. A Statistical Model of Friction in Economics

[J]. Econometrica, 1959, 27 (2): 263-267.

[110] Sachs, Jeffrey and Woo, Wing Thye. Structural Factors in the Economic Reforms of China, Eastern Europe, and the Former Soviet Union [J]. Economic Policy, 1994, 9 (18): 102-145.

[111] Samuelson, Paul. The Transfer Problem and Transport Costs, Ⅱ: Analysis of Effects of Trade Impediments [J]. Economic Journal, 1954, 64 (254): 264-289.

[112] Schwartz, Alan. Relational Contracts in the Courts: an Analysis of Incomplete Agreements and Judicial Strategies [J]. Journal of Legal Studies, 1992 (21): 271-318.

[113] Seidman, Ann and Robert Seidman. State and Law in the Development Process: Problem Solving and Institutional Change in the Third World [M]. Basingstoke: Palgrave Macmillan and New York: St. Martin's Press, 1994.

[114] Stigler, George. The Optimum Enforcement of Laws [J]. Journal of Political Economy, 1970, 78 (3): 526-536.

[115] The UN Commission on Global Governance. Our Global Neighborhood [M]. Oxford University Press, 1995.

[116] Timothy Besley. Law, Regulation, and the Business Climate: The Nature and Influence of the World Bank Doing Business Project [J]. Journal of Economic Perspectives, 2015, 29 (3): 99-120.

[117] Tobin, James. Estimation of Relationships for Limited Dependent Variables [J]. Econometrica, 1958, 26 (1): 24-36.

[118] Varese, Federico. The Russian Mafia: Private Protection in a New Market Economy [M]. Oxford, UK: Oxford University Press, 2001.

[119] Wallis, John and North, Douglass. Measuring the Transaction Sector in the American Economy 1870-1970. In Engerman, Stanley and Gallman, Robert. eds. Long-Term Factors in American Economic Growth [M]. Chicago: University of Chicago Press, 1986: 95-161.

[120] Whiting, Robert. Tokyo Underworld [M]. New York: Random

House, 1999.

［121］Williamson, Oliver Transaction‐Cost Economics：The Governance of Contractual Relations ［J］. Journal of Law and Economics, 1979, 22（2）：233‐261.

［122］Williamson, Oliver. The Economic Institutions of Capitalism ［M］. New York：Free Press, 1985.

［123］Williamson, Oliver. The Mechanisms of Governance ［M］. New York：Oxford University Press, 1996.

［124］Williamson, Oliver. The New Institutional Economics：Taking Stock, Looking Ahead ［J］. Journal of Economic Literature, 2000. 38（3）：595‐613.

［125］Williamson, Oliver. The Mechanisms of Governance ［M］. New York：Oxford University Press, 1996.

［126］Williamson, Oliver. 治理的经济学分析：框架和意义//埃瑞克·菲吕博顿, 鲁道夫·瑞切特. 新制度经济学 ［M］. 上海：上海财经大学出版社, 1998：67‐100.

［127］World Bank. Sub‐Saharan Africa：from Crisis to Sustainable Growth ［M］. Washington D. C., World Bank, 1989.

［128］World Bank. World Development Report 1994：Infrastructure for Development ［M］. Washington, D. C.：World Bank, 1994.

［129］World Bank. World Development Report 1996：From Plan to Market ［M］. New York：Oxford University Press, 1996.

［130］World Bank. Doing Business 2019：Training for Reform ［M］. Washington D. C. World Bank, 2019.

［131］Xu, Chenggang. The Fundamental Institutions of China's Reforms and Development ［J］. Journal of Economic Literature. 2011, 49（4）：1076‐1151.

［132］Yakovlev, Alexander. Striving for Law in a Lawless Land：Memoirs of a Russian Reform ［M］. Armonk, NY：M. E. Sharpe, 1996.

［133］Yang, Mayfair Mei‐hui. Gifts, Favors and Banquets：the Art of Social Relationships in China［M］. New York：Cornell University Press，1994.

［134］Young，Alwyn. The Razor's Edge：Distributions and Incremental Reform in the People's Republic China［J］. Quarterly Journal Economics，2000，115（4）：1091-1135.

［135］Yueh，Linda. Enterprising China：Business，Economic，and Legal Development since 1979［M］. Oxford：Oxford University Press，2011.

［136］埃莉诺·奥斯特罗姆. 公共事物的治理之道［M］. 余逊达，陈旭东译. 上海：上海三联书店，2000.

［137］奥斯特罗姆，菲尼，皮希特. 制度分析与发展的反思——问题与抉择［M］. 王诚等译. 北京：商务印书馆，1992.

［138］白重恩，杜颖娟，陶志刚等. 地方保护主义及产业地区集中度的决定因素和变动趋势［J］. 经济研究，2004（4）.

［139］鲍勃·杰索普. 治理理论的兴起及其失败的风险——以经济发展为例的论述［J］. 国际社会科学杂志（中文版），1999（1）.

［140］贝尔纳·夏旺斯. 东方的经济改革——从 50 年代到 90 年代［M］. 北京：中国社会科学出版社，1999.

［141］边燕杰. 城市居民社会资本的来源及作用：网络观点与调查发现［J］. 中国社会科学，2004（3）.

［142］蔡昉，王德文，都阳. 中国农村改革与变迁——30 年历程和经验分析［M］. 上海：格致出版社，上海人民出版社，2008.

［143］陈冬华，章铁生，李翔. 法律环境、政府管制与隐性契约［J］. 经济研究，2008（3）.

［144］陈胜勇，汪锦军，马斌. 组织化、自主治理与民主：浙江温州民间商会研究［M］. 北京：中国社会科学出版社，2004.

［145］樊纲，王小鲁，朱恒鹏. 中国市场化指数——各地区市场化相对进程 2011 年报告［M］. 北京：经济科学出版社，2011.

［146］范巧. 永续盘存法细节设定与中国资本存量估算：1952-2009［J］. 云南财经大学学报，2012（3）.

［147］范欣，宋冬林，赵新宇. 基础设施建设打破了国内市场分割

吗？[J]. 研究，2017（2）.

[148] 高培勇. 公共经济学 [M]. 北京：中国人民大学出版社，2004.

[149] 高翔，龙小宁，杨广亮. 交通基础设施与服务业发展——来自县级高速公路和第二次经济普查企业数据的证据 [J]. 管理世界，2015（8）.

[150] 格里·斯托克. 作为理论的治理：五个论点 [J]. 国际社会科学杂志（中文版），1999（2）.

[151] 桂琦寒，陈敏，陆铭等. 中国国内商品市场趋于分割还是整合：基于相对价格法的分析 [J]. 世界经济，2006（2）.

[152] 行伟波，李善同. 本地偏好、边界效应与市场一体化——基于中国地区间增值税流动数据的实证研究 [J]. 经济学（季刊），2009，8（4）.

[153] 行伟波，李善同. 地方保护主义与中国省际贸易 [J]. 南方经济，2012（1）.

[154] 黄玖立，李坤望. 吃喝、腐败与企业订单 [J]. 经济研究，2013（6）.

[155] 黄玖立，徐旻鸿. 境内运输成本与中国的地区出口模式 [J]. 世界经济，2012（1）.

[156] 黄少卿. 中国转型时期一个非正式合同执行机制：背景、模型与解说——地方官员在转轨过程中的合同执行功能 [J]. 制度经济学研究，2006（1）.

[157] 金雁. 俄罗斯经济转轨为什么这么难 [J]. 战略与管理，2003（6）.

[158] 格泽戈尔兹·W. 科勒德克. 从休克到治疗——后社会主义转轨的政治经济 [M]. 刘晓勇译. 上海：上海远东出版社，2000.

[159] 李桂林. 法律与发展运动的新发展 [J]. 法治论丛，2006（5）.

[160] 李路路. 社会资本与私营企业家——中国社会结构转型的特殊动力 [J]. 社会学研究，1995（6）.

［161］李平，王春晖，于国才. 基础设施与经济发展的文献综述［J］. 世界经济，2011（5）.

［162］林南. 社会资本：关于社会结构与行动的理论［M］. 张磊译. 上海：上海人民出版社，2004.

［163］林毅夫，蔡昉，李周. 中国的奇迹：发展战略与经济改革［M］. 上海：上海人民出版社，1994.

［164］林毅夫. 经济发展与转型：思潮、战略与自生能力［M］. 北京：北京大学出版社，2008.

［165］林毅夫. 新结构经济学——重构发展经济学的框架［J］. 经济学（季刊），2010，10（1）.

［166］琳达·岳. 中国的增长：中国经济的前 30 年与后 30 年［M］. 北京：中信出版社，2015.

［167］刘建，许统生，涂远芬. 交通基础设施、地方保护与中国国内贸易成本［J］. 当代财经，2013（9）.

［168］刘生龙，胡鞍钢. 基础设施的外部性在中国的检验：1988 ~ 2007［J］. 经济研究，2010（3）.

［169］刘生龙，胡鞍钢. 交通基础设施与中国区域经济一体化［J］. 经济研究，2011（3）.

［170］刘世定. 乡镇企业发展中对非正式社会关系资源的利用［J］. 改革，1995（2）.

［171］刘卫东，陈杰，唐志鹏等. 中国 2007 年 30 省区市区域间投入产出表编制理论与实践［M］. 北京：中国统计出版社，2012.

［172］陆铭，陈钊. 分割市场的经济增长——为什么经济开放可能加剧地方保护？［J］. 经济研究，2009（3）.

［173］陆铭，陈钊. 在集聚中走向平衡：城乡和区域协调发展的"第三条道路"［J］. 世界经济，2008（8）.

［174］陆南泉. 苏联经济体制改革史论［M］. 北京：人民出版社，2007.

［175］迈克尔·麦金尼斯. 多中心治道与发展［M］. 上海：上海三联

书店，2000.

[176] 南开大学课题组. 全球化条件下中国转型的总体性战略框架与现实取向 [J]. 改革，2009（7）.

[177] 潘文卿，李跟强. 中国区域间贸易成本：测度与分解 [J]. 数量经济技术经济研究，2017（2）.

[178] 钱颖一. 市场与法治 [J]. 经济社会体制比较，2000（3）.

[179] 孙景宇，何淳耀. 论对外开放与分权改革的互动 [J]. 当代经济科学，2008（6）.

[180] 托玛斯·G. 罗斯基，王裕棣. 中国工业改革：成就、展望和经验含义 [J]. 经济研究，1994（12）.

[181] 王贤彬，张莉，徐现祥等. 地方政府土地出让、基础设施投资与地方经济增长 [J]. 中国工业经济，2014（7）.

[182] 王小鲁，樊纲，余静文. 中国分省份市场化指数报告 [M]. 北京：社会科学文献出版社，2017.

[183] 王永钦. 大转型：互联的关系型合约理论与中国奇迹 [M]. 上海：格致出版社，上海人民出版社，2009.

[184] 王永钦. 市场互联性、关系型合约与经济转型 [J]. 经济研究，2006（6）.

[185] 王自锋，孙浦阳，张伯伟等. 基础设施规模与利用效率对技术进步的影响：基于中国区域的实证分析 [J]. 南开经济研究，2014（2）.

[186] 吴敬琏. 当代中国经济改革 [M]. 上海：上海远东出版社，2003.

[187] 辛西娅·休伊特·德·阿尔坎塔拉. "治理"概念的运用与滥用 [J]. 国际社会科学杂志（中文版），1999（1）.

[188] 徐现祥，李郇. 中国省际贸易模式：基于铁路货运的研究 [J]. 世界经济，2012（9）.

[189] 许成钢，卡特琳娜·皮斯托. 执法之外的机制——中俄金融市场的治理 [M]. 北京：中信出版社，2003.

[190] 许统生，洪勇，涂远芬等. 加入世贸组织后中国省际贸易成本

测度、效应及决定因素［J］. 经济评论, 2013（3）.

［191］亚当·斯密. 国民财富的性质和原因的研究［M］. 北京：商务印书馆, 1983.

［192］亚历山德拉·贝纳姆, 李·贝纳姆. 交换成本的测量//克劳德·梅纳尔编. 制度、契约与组织——从新制度经济学角度的透视［M］. 北京：经济科学出版社, 2003：426-438.

［193］杨东亮, 任浩锋. 中国人口集聚对区域经济发展的影响研究［J］. 人口学刊, 2018（3）.

［194］杨小凯, 张永生. 新兴古典经济学与超边际分析（修订版）［M］. 北京：社会科学文献出版社, 2003.

［195］银温泉, 才婉茹. 中国地区间市场分割成因和治理经济研究［J］. 经济研究, 2001（6）.

［196］于洋. 中国省际贸易流量再估算与区间分解［J］. 中国经济问题, 2013（5）.

［197］俞可平. 治理与善治引论［J］. 马克思主义与现实, 1999（5）.

［198］张光南, 洪国志, 陈广汉等. 基础设施、空间溢出与制造业成本效应［J］. 经济学（季刊）, 2013（1）.

［199］张军, 吴桂英, 张吉鹏等. 中国省际物质资本存量估算：1952~2000［J］. 经济研究, 2004（10）.

［200］张军, 周黎安. 为增长而竞争：中国增长的政治经济学［M］. 上海：上海人民出版社, 2008.

［201］张学良. 中国交通基础设施促进了区域经济增长吗——兼论交通基础设施的空间溢出效应［J］. 中国社会科学, 2012（3）.

［202］张雪艳. 交易成本理论、测量与应用研究［M］. 北京：中国社会科学出版社, 2016：77-83.

［203］张勋, 王旭, 万广华等. 交通基础设施促进经济增长的一个综合框架［J］. 经济研究, 2018（1）.

［204］章奇, 刘明兴, 单伟等. 政府管制、法律软约束与农村基层民主［J］. 经济研究, 2004（6）.

［205］赵红军，尹伯成，孙楚仁等. 交易效率、工业化与城市化——一个理解中国经济内生发展的理论模型与经验证据［J］. 经济学（季刊），2006，5（4）.

［206］赵永亮. 国内贸易的壁垒因素与边界效应——自然分割和政策壁垒［J］. 南方经济，2012（3）.

［207］郑军，林钟高，彭琳等. 法制环境、关系网络与交易成本——来自中国上市公司的经验证据［J］. 财经研究，2013（6）.

［208］郑世林，周黎安，何维达等. 电信基础设施与中国经济增长［J］. 经济研究，2014（5）.

［209］郑思齐，孙伟增，吴璟等. "以地生财，以财养地"——中国特色城市建设投融资模式研究［J］. 经济研究，2014（8）.

［210］周京奎，吴晓燕. 公共投资对房地产市场的价格溢出效应研究——基于中国 30 省市数据的检验［J］. 世界经济文汇，2009（1）.

［211］周林彬，龙强，冯曦等. 私人治理、法律规则与金融发展——基于供应链金融合同治理的案例研究［J］. 南方经济，2013（4）.

［212］周正柱，苏云霞，张亚等. 东部沿海六省市商务成本水平结构比较［J］. 开放导报，2011（6）.

［213］井原健雄. 地域の経済分析［M］. 東京：中央経済社，1996.

后 记

　　本书是在国家社科基金青年项目（13CJL005）的最终研究成果的基础上修改而成，同时也是教育部人文社会科学研究专项任务项目（中国特色社会主义理论体系研究）（20JD710025）的前期研究成果，并得到了教育部人文社会科学重点研究基地重大项目（16JJD790028）、中央高校基本科研业务费专项资金（63172005）、中国特色社会主义经济建设协同创新中心、天津市高校习近平新时代中国特色社会主义思想研究联盟和南开大学全国中国特色社会主义政治经济学研究中心的资助。另外，南开大学经济学系的魏雅璇、裴心玥、张璐、鲁文霞等同学在我的指导下参与了部分章节的研究，对她们的贡献表示感谢。最后，本书得以顺利出版，由衷地感谢经济管理出版社王光艳女士的大力支持。